大谷翔平 奇跡の二刀流がくれたもの

小関順二

廣済堂出版

はじめに

100年前、メジャーリーグの常識を変えた男
ベーブ・ルースと比較された大谷翔平

信じられないことが起こった。1995年に野茂英雄（近鉄→ドジャースなど）が日本球界を離れメジャーリーグに挑戦し、13勝6敗、防御率2・54で新人王に輝いて以来、イチロー（オリックス→マリナーズなど）、松井秀喜（巨人→ヤンキースなど）など多くの日本人野手がメジャーリーグで活躍してきた。日本のファンが彼らに共感したのは生真面目にヒットを量産する姿やチャンスの場面で得点圏の走者を確実にホームに迎え入れる勝負強さ。自分に共通する〝日本人の典型〟をイチローや松井に見たわけだが、大谷翔平（エンゼルス）はそうではない。

日本人野手の最多ホームランは松井秀喜がメジャー2年目の04年、ヤンキース時代に

放った31本。大谷はそれを15本上回る46本塁打を放ち、シーズン終了までウラジミール・ゲレーロ・ジュニア（ブルージェイズ）、サルバドール・ペレス（ロイヤルズ）と息詰まるタイトル争いを演じた（ホームラン王はゲレーロJr.とペレスが48本で分け合った）。私の常識では日本人選手がメジャーリーグでホームラン王争いをするというのは考えられない。それを大谷はいとも簡単に実現した。

大谷の試合が行われる日は朝早くから、試合を中継するＮＨＫのＢＳ放送やインターネットテレビ局・ＡＢＥＭＡ ＴＶに釘づけになり、大谷がホームランを打つたびに「凄い、凄い」と叫んでいた。凄いとしか言えない自分の語彙の少なさに呆れたが、ほかの人たちはどんな言葉で大谷のホームランに反応していたのだろうか。

大谷のホームランは単に打球がフェンスを越えたというだけではない。シーズンが終了した翌日のスポーツ報知に掲載された「大谷翔平今季の本塁打」という一覧表を見ると、１３０メートルを超える〝特大弾〟が19本もある。これはメジャーリーグの中でもトップランク。こういう日本人スラッガーを生きているうちに見られるとは思わなかった。野球の神様に感謝するとともに、すでに亡くなった野球好きの同年代に、大谷が演じたこの２０２１年の活躍をせめてひと目でも見せてやりたかったと心の底から思う。

ホームランは野球ファンの夢である。私のような昭和30年代にファンになった人間は巨人ファンやアンチ巨人の枠を超えて一本足打法でホームランを量産する王貞治（巨人）に胸を躍らせた。それより前の昭和ひとケタ生まれなら虹のような放物線を描いてスタンドに放り込んだ大下弘（セネタースなど）のホームランに戦後復興の夢を託しただろう。彼らは野球ファンの枠を超えて国民を虜（とりこ）にしたという点で野球界の恩人であり、真のスーパースターだった。

メジャーリーガーでスーパースターといえば、最初にベーブ・ルース（ヤンキースなど）の名前が挙がる。ルースの最大の貢献はメジャーリーグの常識を大きく変えたことだ。メジャーリーグ草創期の１９０１～19年の19年間、メジャーリーグのホームラン王は10本台がほとんどで、最多は19年にルースが放った29本。それが20年には54本のホームランを放った。２位がジョージ・シスラー（ブラウンズなど）の19本、ナショナル・リーグのホームラン王、サイ・ウィリアムズ（フィリーズなど）は15本だった。これだけでもルースの偉大さがよくわかる。

現在の通算ホームラン数のベスト3は１位バリー・ボンズ（ジャイアンツなど）７６２本、２位ハンク・アーロン（ブレーブス）７５５本、３位ルース７１４本だが、アーロンは1934年、ボンズは1964年生まれなので、1895年生まれのルースとはプレーしていた背景がまるで異なる。

ルースと同時代にプレーしていた主なスタープレーヤーの通算ホームラン数はというと、ジミー・フォックス（アスレチックスなど）534本、メル・オット（ジャイアンツ）511本、ルー・ゲーリッグ（ヤンキース）493本、ロジャース・ホーンスビー（カージナルスなど）301本、タイ・カッブ（タイガースなど）117本である。これだけ見ても714本という数字がどれだけ破天荒かおわかりいただけるだろう。ルースは同時代のメジャーリーグでは並ぶ者のない特別な存在だった。そのルースと大谷はことあるごとに比較された。

新人王を獲得した2018年の偉業 それが今では穏やかに見える

レッドソックスに在籍していた6年間、ルースはバッターよりピッチャーとして活躍した。通算158試合に登板して89勝46敗、18年にはピッチャーとして13勝7敗、バッターとして打率・300、本塁打11という記録を残している。この二刀流の先駆者、ルースの後継者が100年後の2018年に出現した大谷だ。

大谷がメジャーリーグの新人王を受賞した18年11月12日（現地時間）、偉業を報じる翌日のスポーツ紙の見出しにベーブ・ルースの名前が使われていた。

「全米も認めたルースの再来」（サンケイスポーツ）

「打ち立てた数々の記録　枕詞（まくらことば）は『ベーブ・ルース以来』」（日刊スポーツ）

「ルース以来、100年に一度の男が史上初」（スポーツニッポン）

18年に成し遂げた「ルース以来」の記録は、10本塁打&5盗塁&5先発登板、50イニング登板&15本塁打、20本塁打&10登板以上……等々、記録好きのアメリカのマスコミらしく、こんなに細かい部分にまで目が配られていることに感心する。

このとき現役だったイチローはスポーツ紙に、「（新人王を）獲得して当然の立場で実際にそれを達成することは実は思いのほか難しいものです。確実にそれをクリアしていく姿は、45歳になった僕にも大いに刺激を与えてくれます。この先、どれくらい同じ時間を共有できるかは僕次第ですが、この歴史的にも希有（けう）な存在の選手と渡り合うべく、励んでいきたいと思っています」とコメントを残した。

ホームラン競争に明け暮れるメジャーリーグに安打量産、全力疾走、ライトの好守備など革命的な価値観を樹立したイチローもアメリカ人から見れば20年前に突然出現した異才だが、その異才が手放しでもう1人の異才を礼賛しているのだ。

18年の大谷の成績を紹介しよう。

◇打者……104試合、打率・285、本塁打22、打点61、盗塁10

◇投手……10試合、4勝2敗、防御率3・31

21年の大谷を目撃した私たちには3年前の成績は穏やかで微笑ましいくらいである。それでも新人王に投票した30人の全米野球記者協会会員のうち25人は大谷に1位票を投じた。100年間、誰も見たことのない二刀流の躍動に、メディアの達人も胸を躍らせたのである。しかし、18年シーズンオフには右ヒジ靱帯断裂のためトミー・ジョン手術（側副靱帯再建術）を受け、翌19年は投手としての活動を断念し、9月には左ヒザの手術を受けた。

トミー・ジョン手術を受ければ1～1年半をリハビリに充てるというのは世界の常識

だが、大谷は19年にバッターとして106試合に出場し、打率・286、本塁打18、打点62、盗塁12を残した。新人王を獲得した前年と大差ない成績だ。翌20年は新型コロナウイルスの影響もあって44試合の出場にとどまり、打率・190、本塁打7、打点24、盗塁7、投手としても2試合に登板して0勝1敗、防御率37・80に終わった。21年のシーズン前、大谷は二刀流を継続して行うか否か、難しい決断を迫られていた。

「僕が二つをやっていくという方針に対して、見切りというか、そういう感じはありましたからね。ピッチャーとして、バッターと並行してやっていくリスクを負ってまで投げさせる価値があるのかどうか。(中略)今年、チームから今のような感じで制限なくやっていこうと思ってる、と言われたとき、ああ、そういうことなのかな、と……もちろん具体的にそう(ラストチャンスだと)言われたわけではないんですけど、そういう雰囲気は感じました」(スポーツ・グラフィック『ナンバー』1035号、2021年9月24日)

この大谷の発言は衝撃である。確かに100マイル(約161キロ)を計測するストレートや打者の腰を折るようなスプリットのキレと落差は強烈な印象を残すが、投手としての実績はメジャー通算3年間で4勝3敗、防御率4・39しかないのだ。もし、21年シーズンも5勝程度しか挙げられなかったらエンゼルスのフロントは打者に専念するよう強い要望を出し、マスコミは二刀流の終焉を騒々しく伝えていたかもしれない。私たちが現在味わっている幸福感は実に危ういバランスの上に成り立っていた。

アメリカの著名なコメンテーターが断言する「大谷はベーブ・ルースを超えている」

21年の成績をここで紹介しよう。

◇打者……155試合、打率・257、本塁打46、打点100、盗塁26
◇投手……23試合、9勝2敗、奪三振156、防御率3・18

打撃部門ではホームランがメジャー全体で3位、打点がリーグ13位、盗塁が同5位、投手部門では奪三振が同19位という凄まじさである。ベーブ・ルースが達成した1シーズンの2ケタ勝利&2ケタ本塁打は前に紹介したように1918年の13勝7敗、11本塁打だが、打撃に関してはこの時期のルースでは比較にならない。

大谷が21年シーズン終盤、このルースの記録に迫ったとき「103年ぶり大記録なるか」というキャッチフレーズを何十回も見聞きさせられた。アメリカではどうだったのだろう。イリノイ州に住む友人の秋元一剛（かずよし）さんに聞くと、8月26日～9月2日の1週間に公開されたMLB124本の動画のうちほとんどはゲームハイライトだが、個人を取り扱った動画が19本あり、そのうちの5本が大谷のものだったという。

「同じ州内でもボクらが住むシカゴ近郊と州南部ではカルチャーショックを受けるほど、文化もずいぶん違います。国土が広いことによって強い地方自治、そして地域（州）独自の文化や習慣が生まれ、それが根づいています。新聞や放送などの既存メディアが長年、ローカルテーマを重視していたのはそうした理由からです。したがって野球に限ったことではないのですが、アメリカのスポーツファンは地元チーム贔屓が主流です。他球団の選手や動向などはよほどのマニアでないと興味を持ちません」

秋元さんは「正直なところ、アメリカの野球ファンの間で大谷がどう捉えられているかわからない」と言うが、そういう環境下でも個人を取り扱った19本の動画のうち5本が大谷のものだったいうところに大谷人気の高さを感じる。

大谷とルースの比較についても聞くと、「これまでルースと現役選手の比較はタブー視されていて、比較を行うと必ずと言っていいほどケチがついた」と言う。それでも秋元さんは「ルースと大谷」で検索して、スポーツ専門誌『スポーツイラストレイテッド』（日付は2021年7月5日）の記事までたどり着いた。その内容は「大谷翔平はベーブ・ルースなんかじゃない。大谷のほうがすぐれている」というものだった。

やはり、秋元さんに教えてもらった7月16日という日付の入ったYouTubeではスポーツメディアのパーソナリティ、コリン・カワードという人が、「大谷はベイブ・ルースを超えている」と言っている。少し長いので中略を重ねて紹介する（ベイブ・ルースという表記は原典のまま）。

「ベイブ・ルースは、すでにおとぎ話の中にしか存在していない。彼はピッチャーとしては結果を残したが、バッターとしては普通だった。デッドボール時代（飛ばないボール）だからだ。それからニューヨークに行ったが、ベイブ・ルースはピッチングをしなくなったんだ。ヤンキースでは、2試合で先発しただけだ。初年度では、4イニングしか投げていない。次の年は9イニングだけ。だからニューヨークに行ってからは打撃に専念した。断っておくが、バッティングに関しては素晴らしかったよ。大谷翔平は、この両方を世界のスター相手に同時にやっているんだ。世界的に最高の選手相手にだ。今のスポーツでは、スペシャリストが存在する。ベイブ・ルースは、一流の抑えのピッチャーと対戦したことはなかった。彼はカットボールを見たこともない。世界的な才能を持った選手、役割が特化したスペシャリスト、または1試合で、4人のピッチャーと対峙することはなかった。大谷翔平は、時には球速が150キロを超えるような4人の異なるピッチャーを相手にしなければならない。ベイブ・ルースが相手にしていたのは、配管工やサンドイッチ屋の親父、左官工が本職の選手だ。もし彼らが仕事で試合に出られないときは、機械工が代わりに相手になる。当時は本職が別にある野球選手が多く、みんな、くたくたに疲れた状態で球場入りしていた。

大谷翔平は、世界でも屈指の一流選手を相手にしなければならない。ピッチャーとバッターの二刀流で、抑えの投手と交代する7回まで投げる必要がある。そして彼は同時に、そんな世界一流選手達をねじ伏せる。ベイブ・ルース以上の存在だ。比較になっていない、圧倒的に超えている」

100年前の野球と現代の野球が同じレベルであるわけはないのだが、世間がベーブ・ルースを神のように扱い大谷をその弟子のように扱えば、言葉が過激になるのもわかる。日本では1934（昭和9）年に来日したベーブ・ルースたち全米オールスターを相手に1失点に抑えた沢村栄治（巨人）が神のように扱われ、彼のストレートの最速が160キロに達していたと証言する映像がある。160キロを投げるには素質だけでなく科学的なトレーニングによって土台となる体を屈強に仕上げなければならない。そういうノウハウがない87年前に160キロはおろか、140キロのストレートでさえ投げられるわけがないのだが、ルースファンも沢村ファンも簡単には引き下がらない。

偉大なルースや沢村に反発しながら、ルースと沢村を応援したい自分がいることにも気づかされる。103年後の今、大谷を見た野球ファンが「昔の野球はレベルが低い」と言ったら、「それは違う」と反論する。過去の野球の凄さと現代の野球の凄さを正しく比較する尺度はないのだろうか。

選手の凄さは、その選手が生きた時代で示した圧倒的な実力差で測るしかない

プレーだけを比較すれば30年前の選手でも現代の野球には及ばない。野茂が活躍した

ときの映像を見ると、選手の体格がまったく違うことに気づく。しかし、選手の凄さの尺度は「その選手がプレーした時代で示した他選手との圧倒的な実力差」、これで測るしかないというのが私の意見だ。

「ルースの60本がその年（1927年）ア・リーグ総本塁打439本の13・7％を占めるものだったのに対し、マリス（ロジャー・マリス＝ヤンキースなど）の61本が（1961年の）リーグ本数1534本のわずか4・0％に過ぎなかったこと。本塁打の少なかった時代に一頭抜けた存在で打ちまくったルースの記録が消えてしまうことに、多くの専門家やファンの人たちが大反発したのは当然の話だ」

これは記録の第一人者、宇佐美徹也さんが『プロ野球データブック』（講談社文庫）に書いた一節だ。宇佐美さんは昭和21（1946）年に20本塁打でホームラン王になった大下弘についても同書で言及し、「大下弘（セネタース）の20本はリーグ総本数の9・5％に当る。その後ラビットボールの使用で本数は増えたが、それは全体的な傾向で、24年藤村富美男（阪神）の46本は5・3％、小鶴誠（松竹）の51本は5・5％にしかならない」と書いている。ルースや大下が現代に蘇ってプレーしてもカーショー（ドジャース）や山本由伸（オリックス）の球は打てないだろう、という話ではない。重複するが、彼らがその時代で示した選手との圧倒的な実力差、それでしか選手の凄さは表現できないと思う。

近年なら２０１１年に48本のホームランを放ってタイトルを獲得した中村剛也（西武）がこの〝モンスターの系譜〟に入る。反発係数の低い統一球、いわゆる飛ばないボールでロッテなどはチームの総本塁打が46本にとどまったのに、中村は１人で48本を放った。リーグ２位は松田宣浩（ソフトバンク）の25本、セ・リーグのホームラン王はバレンティン（ヤクルト）の31本で、中村の48本はリーグ総本数４５４本の10・57％だった。

大谷から話が飛んでしまったが、大谷にはこういう歴史を交えた比較をしないとそのスケールに追いつかない。メディアに身を置く識者や記者も同じ思いなのだろう。だから彼らは懸命に記録の迷路をたどりながらベーブ・ルースと大谷の接点を探すのである。

ルースと大谷の野球界への最大の貢献は、「野球を大幅に進化させた」ことだ。ルースはシーズンのホームラン数が10本台（たまに20本）だったとき、いきなり54本のホームランをかっ飛ばし、メジャーリーグにホームランブームを巻き起こした。そして、大谷はそのルース以来途絶えていた投打二刀流を高いレベルで再現し、理想の野球選手とは投げるだけ、打つだけでなく、高いレベルで「打って、投げて、走る」姿にこそあると私たちに示した。手垢のついた言葉だが、大谷のプレーを見ていると、〝野球のロマン〟としか言いようのない甘美な思いにとらわれてしまう。

シーズンが終わった翌日の日刊スポーツはエンゼルスOBのマーク・グビザ（通算132勝136敗）の「（登板翌日は）下半身は痛いし、肩も脇も痛い。でも彼は打って、そして盗塁も試みる。どうやって可能にしているのか分からない」というコメントを紹介した。

また同紙はティム・サーモン（通算1674安打、299本塁打、1016打点）の、「球場に来て、日常的に彼を見られるということ。これはなにか特権のようなものだった。いつかね、孫たちに毎日、彼を見ていたんだと言えるし、話題にできる。（中略）僕が生きているうちに、彼がやっていることを再びできる人が現れることは想像がつかない」というコメントも載せた。最後の言葉はほとんどのファンが感じていることだろう。

『フィールド・オブ・ドリームス』に描かれたベースボールのロマン それが大谷翔平の二刀流の挑戦とぴたり重なる

アメリカ映画を観ていると時々、野球のことが描かれていて嬉しくなる。『ライアーライアー』（トム・シャドヤック監督）という喜劇作品で主演のジム・キャリーが演じるのは口先ひとつで無罪を勝ち取る有能な弁護士。約束した息子の誕生日にも行かれず、買い忘れた誕生日プレゼントを用意してくれたのは秘書の女性という、とことんダメな父親だが、プレゼントの野球道具を手にしてキャッチボールをするとき息子が言った言葉が、「僕はノモだよ。パパはホセ・カンセコだ」。

この映画が制作された1997年は、日本からアメリカにわたった野茂英雄のメジャー在籍3年目のシーズン。渡米前、メジャーリーグは高騰する選手の年俸を抑える目的で導入したサラリーキャップ制をめぐり選手会と経営者が対立。94～95年にかけてストライキが行われ、94年のワールドシリーズは中止、95年は162試合の予定が144試合に減少され、これがファン離れを呼んだと言われている。こういう時代背景の中、海を渡って颯爽と登場して〝ノモマニア〟と言われるブームを巻き起こした野茂はメジャーリーグを救ったとも言われるが、今、同じような映画が制作されたら、子どもの台詞は「僕はオオタニだよ。パパはホセ・アルトゥーベだ」になるかもしれない。

犯罪者ばかりが標的となる連続殺人事件を捜査するニューヨーク市警の刑事がロバート・デ・ニーロとアル・パチーノという配役で話題になった『ボーダー』(ジョン・アヴネット監督)という映画では、デ・ニーロとアル・パチーノが刑事部長に捜査方針を話す場面で野球が登場する。

「406だ、デカ長。テッド・ウィリアムス。最終の試合を前に打率4割。監督は4割を保たせたい」(アル・パチーノ)

「でもテッドは出場し、打率を4割6厘に上げた」(デ・ニーロ)

1941年の最終戦を前にしてテッド・ウィリアムス(レッドソックス)の打率は3割9分9厘5毛で、残る試合はアスレチックスとのダブルヘッダー2試合のみ。最終戦を欠場しても打率は四捨五入して4割のまま、ヒットが出なければ4割を割って偉業は達成できない。さあどうする、と迫られたウィリアムスはダブルヘッダーにフル出場し、8打数6安打して打率を・406に引き上げた。デ・ニーロとアル・パチーノ両刑事はテッド・ウィリアムスの偉業を例に出してデカ長に全力で犯人を逮捕する意思を示したのである。

ちなみに、これほどの打率を残してもウィリアムスはMVPを取れなかった。ヤンキースのジョー・ディマジオがメジャー記録となる56試合連続安打を達成していたからだ。マスコミ人気の高かったディマジオと不愛想だったテッド・ウィリアムス、そういうキャラクターの違いがタイトルの行方を左右したと聞いたことがあるが、1本の映画を通してメジャーリーグの醍醐味に触れることができるのがアメリカのショービジネスの素晴らしいところだ。

野球が挿話の中で語られる2作品と異なり、『フィールド・オブ・ドリームス』（フィル・アルデン・ロビンソン監督）は全編が野球一色でさらに心地よい。主人公のアイオワの農地が借金の抵当になり、ここを売れと迫る主人公の義兄を前にテレンス・マンという作家がベースボールの使命を滔々（とうとう）と語る場面がある。農地は売らなくてもいい、皆ここにやって来て1人20ドル出して野球を観る、と言うのだ。ここで語られるベースボールの魅力は現在の大谷翔平の魅力にもつながってくると思う。

「無心な子供に立ち返って過去を懐かしむ。君は言う〝遠慮せずどうぞごゆっくり〟。

1人20ドル。皆当たり前のように払うよ。金はあるが心の平和がないのだ。彼らはここに座る。素晴らしい天気の午後。シャツ姿で……。そしてベースラインの近くに席がある事を思い出す。子供の頃、そこから自分たちの英雄を応援した。そして試合を見る。魔法の水に身を浸している気分でね。手で払いのけるほど濃い思い出が蘇る。皆やって来るよ。長い年月変わらなかったのは野球だけだ。アメリカは驀進するスチーム・ローラー。すべてが崩れ再建され、また崩れる。だが野球はその中で踏みこたえた。野球のグラウンドとゲームは──この国の歴史の一部だ」

1951年に死んでいるはずのシューレス・ジョー・ジャクソン（ホワイトソックスなど）が左投右打（実際は右投左打）で1987年に設定されたアイオワに登場……等々、ツッコミどころ満載だが、これほどの野球愛に充ち溢れた映画を私は観たことがない。

テレビでは取材歴40年のゴードン・イーズ記者が大谷を「まるでマーベルのスーパーヒーローです。いつか大谷翔平の映画が制作されたらタイトルは『異次元の男』だと思います」と語っている（2021年10月24日、NHKスペシャル）。

大谷翔平を語るとき、ホームランを46本打ったとか100マイルのフォーシームを投げたとか野球の話だけ書いていても、大谷翔平の実像には迫れない。ここまでに書いたベースボールの歴史をほんの少しでもまぶさないと大谷がこれから辿ろうとしている道に光は灯らないと思う。いろいろ寄り道をしたが、本書は大谷翔平のヒーロー的な活躍を再現するだけの本ではない。大谷がやってきたことを紹介しながら、これから彼がどこへ向かおうとしているのか、それがベースボールや野球にどのような進化をもたらすのか、そこまで書き込んで野球の未来に光を当てたいと思っている。

目次

大谷翔平　奇跡の二刀流がくれたもの

第1章

アメリカ野球に追いつき、そして追い越せ！

――プロ野球を進化させたのは誰だ!?

第2章

大谷の出現が日本野球を変えてしまった！

――時代を転換させた凄い影響力

第3章

スラッガーの覚醒
――記憶に残る46本のホームランの煌めき

第4章 剛腕の覚醒

――トミー・ジョン手術と左ヒザ手術を乗り越え、剛腕ふたたび

第5章

大谷翔平のメジャー挑戦を踏み台に

——日本球界に現れたスラッガーと剛腕

第1章

アメリカ野球に追いつき、そして追い越せ！

――プロ野球を進化させたのは誰だ!?

日本球界の歴代ベストテン

「アメリカ野球に追いつき、そして追い越せ」は、日本にプロ野球の土壌を築き、初代プロ野球コミッショナーに就いた正力松太郎が、巨人軍オーナーとして巨人の目指すべき道を説いた「遺訓」である。正しくは「巨人軍は常に強くあれ」「巨人軍は常に紳士たれ」「巨人軍はアメリカ野球に追いつき、そして追い越せ」という。

アメリカ野球……つまりメジャーリーグはアメリカだけでなくドミニカ、キューバなどの中南米やアジア、オーストラリア、ヨーロッパ、果てはアフリカから有望な選手を掻き集めていることは野球ファンなら誰でも知っている。その存在は打倒すべきライバルと言うより、世界的な人気をめざす「野球号」の舵取り役と言ったほうがいい。

私は就寝前、プロ野球歴代ベストナイン、あるいは球団別ベストナインを考えながら眠ることが多い。プロ野球歴代ベストナインなら投手・金田正一（国鉄など）、捕手・野村克也（南海など）、一塁・王貞治（巨人）、二塁・高木守道（中日）、三塁・長嶋茂雄（巨人）、遊撃手・吉田義男（阪神）、左翼手・張本勲（東映など）、中堅手・福本豊（阪急）、右翼手・山本浩二（広島）……が若い頃に考えた理想のチームだった。

しかし、野茂英雄（近鉄→ドジャースなど）がメジャーリーグへの道を切り開いてから、その顔ぶれに変化が出てきた。金田、王、長嶋、福本は変わらないが、捕手・古田敦也（ヤクルト）、二塁・井口資仁（ダイエーなど）、遊撃手・坂本勇人（巨人）、左翼手・松井秀喜（巨人など）、右翼手・イチロー（オリックスなど）がここに入り、ダルビッシュ有（日本ハム→レンジャーズなど）、田中将大（楽天→ヤンキースなど）、大谷翔平がメジャーリーグで活躍すると顔ぶれはさらに変わり、１９６０～80年（王引退）、81～94年、95（野茂のメジャー1年目）～21年と時代を分けて理想のチームを考えるようになった。95年以降でチームを作ればメジャー経験者の、城島、井口、松井、イチロー、大谷の野手陣に、ピッチャーは野茂、ダルビッシュ有、田中が入ってくるはずだ。

歴代ベストナイン、球団別ベストナインだけでなく、最近はプロ野球発足以降の87年間で日本野球を進化させた10人は誰か、ということを考えるようになった。日本球界への貢献度は名球会のような通算記録だけでは測れない。サッカーなど他競技を見てもわかるがファンやマスコミだけでなく、現役のアマ・プロ選手が最も刺激を受けるのは代表選手による国際舞台での凌ぎ合いである。

打球方向を予測して敷かれる内野手の守備シフト、ピッチャーが投じた球をボールゾーンに逃さないキャッチャーの捕球術（ピッチフレーミング）……等々、今でもメジャーリーグからもたらされる新技術は多い。「アメリカ野球から学ぶことはもうない」と言うプロ野球OBにはそういう現実にもしっかり目を向けてほしい。国際舞台を経た選手によって伝えられる新技術、トレーニング方法によって、日本の野球はさらに進化していくのである。

雑誌『文藝春秋』誌上で戦前の名投手、沢村栄治がボクシングの笹崎僙（のちのたけし）と対談して、巨人のアメリカ遠征の成果を熱っぽく語っている言葉は現在を生きる私の胸にも強く訴えるものがある（1941年に発売されたもの）。

「今の巨人軍がリーグで二位と下らないというのは、以前にアメリカに行ったせいでしょう。六大学ならピッチャーがうまかったら優勝しますが、私達はそれが出来ないのです。ピッチャーだけでなくチームの力というものが平均して行かなければならない。それが巨人軍はうまいのですよ。それは向こうに行って長所を摑んで来たからです。各チームとも巨人軍の良いところを摑んで、各チームともそうなったらずっと面白くなって行くんです」

古くは1905(明治38)年に早稲田大学野球部が行ったアメリカ遠征、そして沢村が指摘する巨人のアメリカ遠征、ルースやゲーリックと対戦した34年の日米親善試合など、アメリカとの対戦を経て得たものは数多くあるが、戦後になると日米の交流がとたんに少なくなる。メジャーリーグの単体チームをシーズンオフに招聘して、巨人や選出基準があいまいな全日本チームと親善試合をすることが日常化するのである。物見遊山で来日するメジャーリーガーが実力の低い相手と本気で戦うわけがないのだが。

そういう鎖国状態の重い扉を開けたのが95年の野茂である。06年にはWBC(ワールドベースボールクラシック)が4年に1回開催されるようになり、真剣勝負の国別世界一決定戦が実現して、日本は第1、2回大会を連覇した。「日本野球の実力はメジャーリーグの3A程度」という認識が変わり、野球ファンが目にする野球風景も大げさでなく一変した。こういう土壌から大谷翔平は誕生したのである。

この章では、日本の野球史を踏まえた上で、私が考える「日本野球を進化させた10人」を選出したい。〝大谷色〟が薄まるが、日本野球を語ることによって大谷翔平の実像が浮かび上がることも間違いないので、しばしお付き合いいただきたい。

沢村栄治・投手

1917（大正6）年2月1日生まれ。京都商業高校→巨人
63勝22敗、防御率1・74

日本の野球を進化させた最初の選手、沢村栄治の野球人生は過酷である。巨人に入団した36（昭和11）年に2・26事件、翌37年に日中戦争、39年にはソ連との間にノモンハン事件（日ソ国境紛争）が起こり、41年12月8日には太平洋戦争の火蓋（ひぶた）が切って落とされ、その間に沢村は三度軍隊に召集され、乗っていた輸送船がアメリカ潜水艦の魚雷を受けて44年12月に戦死。こういう経歴を知ると、通算63勝も仕方ないと思う。38、39、42、44年の出場記録がなく、試合も戦争の合間に行われているような状態だった。

プロ野球のリーグ戦がスタートした36年秋は15試合に登板、13勝2敗、防御率1・05、37年春は30試合に登板して24勝4敗、防御率0・81という絶対的な成績を収めている。この沢村を攻略するため大阪タイガース（現阪神）の各打者は練習時にピッチャーを三歩前に出して速さに慣れ、37年秋、38年春には2連覇を果たし、巨人は6割以上の勝率を挙げながら2位に終わっている。

時間を少し遡（さかのぼ）らせてみよう。プロ野球のリーグ戦が始まる前々年の34年、スーパースターのベーブ・ルース、ルー・ゲーリッグを擁する全米オールスターチームが来日し、全日本相手に17勝0敗という圧倒的な成績を残している。このとき17歳の沢村が1失点完投したのが11月20日に静岡県草薙で行われた試合である。1回にチャーリー・ゲリンジャー、ルースを三振、2回にはゲーリッグ、ジミー・フォックスを三振にしとめている。彼らはのちに野球殿堂入りするスーパースターである。

試合は7回にゲーリッグがソロホームランを放ち、全米チームが1対0で日本チームを下したが、同行していたクリーブランド・プレス紙のスチュワート・ベル記者は「スクールボーイ・サワムラはビッグ・リーグ（現在のメジャーリーグ）に入るべきだ」という記事をアメリカに打電し、この記事は全米各地の新聞に転載されたという。

翌35年には巨人が第1回アメリカ遠征を敢行して75勝33敗1分け、勝率・694という好成績を挙げている。この遠征を振り返って沢村は、「試合を経るに従って段々と自分の技倆の進んでゆくのが自分で解ってきました」と述懐している（『東京読売巨人軍五十年史』より）。アメリカ遠征や来日したルースやゲーリッグとの対戦を通して沢村はどんどん成長し、巨人のエースになってからは36年にスタートしたリーグ戦で圧倒的な成績を残し、発足したばかりのプロ野球のレベルアップに寄与していく。

川上哲治・一塁手

1920（大正9）年3月23日生まれ。熊本工業高校→巨人
2351安打、打率・313、本塁打181、打点1319

46年に入団し、いきなり20本塁打を放って本塁打王になった大下弘（セネタースなど）は日本のプロ野球界にホームランの魅力を伝えた天才打者として広く知られている。その大下の日記に川上の名前が出てくる。

「一九五四年十月、最高殊勲賞に推さる　十年の辛苦報われたり　吾も亦川上を師として励みし甲斐ぞありたり　終身打率三割　川上に出来る事　吾れも亦出来るもの　満ちたりし事なかりしか　野球也」（『「文藝春秋」にみる　スポーツ昭和史』より）

この大下が終戦後の47年、戦前からあったプロ野球連盟とは別に設立された国民リーグに引き抜かれる事件が起きた。国民リーグが大下に提示した契約金は当時としては破格の20万円。『大下を持っていかれるのは困る』と話すと、意外にもあっさりと契約を解除して返してくれた」とは資料的価値の高い『鈴木龍二回顧録』（鈴木龍二著、ベースボール・マガジン社）に書かれている一節だが、阿部牧郎が書いた『焦土の野球連盟』（双葉文庫）には会見場の料亭に川上がいきなり現われ、「大下君を日本野球連盟にかえしてください。ファンは赤バット、青バットの対抗をよろこんでいる。いま大下君がぬけたら、どれだけ多くの少年たちが落胆するか測り知れない。彼らを職業野球からひきはなさないでください。おねがいします」と情緒的に迫っている。ファンやマスコミだけでなく大下のようなスター選手からも畏敬の念を抱かれていた川上の存在感の強さがよく伝わってくる

川上の異名は〝打撃の神様〟。1979試合出場で放った安打が2351本。43〜45

年の3年間、太平洋戦争のため欠場していたことを思えば偉業と言っていい数字だ。それ以上に私が注目するのは巨人の指揮を執った61〜74年の監督時代の成績。王貞治、長嶋茂雄のON砲を擁して通算14年間で11回のリーグ優勝と日本一を果たし、65〜73年には前人未到の日本シリーズ9連覇を成し遂げている。これは半世紀近く経った今でも、近年のソフトバンクですら足元に迫れない大記録として12球団の前に聳え立っている。

組織で戦うドジャース戦法に注目し、評論家として活動する元中日の牧野茂をコーチに招聘、ともにフロリダ州ベロビーチで行われた63年の春季キャンプでは徹底的にドジャース戦法を選手に教え込んだ。純血主義だった当時の巨人が他球団出身者をコーチに招くことが異例だし、守備型優先の戦略を、強打者で守備が下手だった川上が先取りしているところも面白い。スモールベースボールの原型、ドジャース戦法は現在のプロ野球界でも生きている。

金田正一・投手

1933（昭和8）年8月1日生まれ。享栄商業高校中退→国鉄→巨人
400勝298敗、防御率2・34

前人未到の大記録を多数保持する大投手である。通算記録は400勝、4490奪三振、365完投、14年連続20勝……等々。野球評論家の金田がテレビ番組で現役選手の家庭を訪ねるコーナーがあった。田尾安志（中日など）編では田尾夫人が金田の経歴を尋ねる場面があり、田尾が「シーズン20勝を20年間記録してできるんだからすごいよ」と言うと、夫人が「20勝ってすごいの」と聞き、田尾が「今年うちの球団で10勝したピッチャーがいないんだから」とオチがつく。80年オフの番組だと記憶しているが、20年間、毎年20勝して達成できる記録というのは現代野球では考えられないことである。

この金田が大谷翔平のホームラン記録に反論したことがある。投手の通算38本塁打は金田が持つプロ野球記録だったが、16年8月27日の西武戦で大谷がこれに並び、テレビ番組で感想を求められた金田は「私にもプライドがありますから。はっきりと、ピッチ

ャーで登板して打ったホームランと、DHで打ったホームランと区別して発表しなさいよ。中身が違う」と噛みついた。

投手として手に余るプロ野球記録を持っているのだから、投手のホームラン記録なんて放っておけばいいのにと思うが、最後に司会者から「大谷ってすごいでしょ」と問われると、「すごい」と答えている。超一流の人はこういうところで懐の深さを見せる。

現役時代に話を戻すと、私は金田のパフォーマンスが大好きだった。マウンドに上がってピッチング練習をするとき、初球は必ず後ろから助走をつけて投げていた。投げる前に手首をぶりぶり強く振る姿も印象深い。投げる球では真上に放り投げる超スローボールが一番好きだった。スローカーブと勘違いされるが、超スローボールだ。近年では多田野数人(元日本ハム)が投げていたが、金田のほうが投げる回数が少なく、待望感が強かった。

春季キャンプでは球団が用意する食事ではなく、鍋道具一式に野菜や肉を持参して作る「金田鍋」が有名だった。「遠征へ行くときは、こういうものを食べるからこういうことをしておいてくれ」と馴染みの店に伝えていたという。また、東京から大阪まで特急つばめに乗って試合に行くときは6時間半、夏でもカーディガンを羽織っていたと女房役の根来広光が証言している。沢村も「仮に試合の前日酒を呑んで、そのために自分のチームが敗けたとしたら、何と申し訳して良いか判りません。だから酒はほとんど飲みません」と言っている。時代は違っても大谷に共通する自己管理の徹底さは超一流に共通する。

長嶋茂雄・三塁手

1936（昭和11）年2月20日生まれ。佐倉高校→立教大学→巨人
2471安打、打率・305、本塁打444、1522打点

長嶋茂雄の年度ごとの成績を見ていると足の速さに気づかされる。新人年の58年に打った三塁打は8本。今季、大谷翔平が打者として155試合に出場してメジャーリーグ最多タイの三塁打8本を放っているが、長嶋の出場数は130試合だった。60年には12本、61年には9本放ち、通算74本の三塁打はNPB歴代8位の記録である。盗塁も多い。新人年に37盗塁を記録し、通算記録は190。私が驚かされたのは3連勝のあとの

4連敗で有名な58年の対西鉄（現西武）第7戦で記録したときのランニングホームランだ。広いストライドでベースを一周するときのランニングフォームの美しさやホームベースへのスライディングの迫力は野球が続く限り永遠に残ると思う。ちなみに、古い映像ゆえに正確さは得られないが、このときのベース一周をストップウォッチで測ったら14・80秒だった。速い！

プロデビュー戦で喫した4打席連続三振は伝説になっている。これらの三振がすべて空振りだったことでマウンド上の金田正一（国鉄）は「いつかは打たれる」と予感し、長嶋は「打倒金田」を目標に猛練習を重ね、球史に残る名選手になった。

翌59年6月25日の阪神戦は昭和天皇と香淳皇后が観戦する〝天覧試合〟となり、試合は9回表まで4対4の同点という息詰まる接戦となった。9回裏、阪神のマウンドには7回からリリーフした新人の村山実が上り、先頭打者の長嶋と対峙する。ボールカウント2－2からの5球目をレフトスタンドにサヨナラホームランするシーンは「プロ野球名場面中、ベストワン」と言っても過言ではない。ちなみに、7回裏には新人の王貞治が同点ツーランを放ち、これは長嶋とのアベックホームランの第1号である。

長嶋人気の隠れた秘密は高レベルで走攻守が揃ったプレースタイルにあると思う。とにかく、やることなすことすべてがスマートだった。日本中に長嶋流が行き渡ったのが三塁守備だろう。その中でもスローイング。サイドハンド気味に投げたあと、指先をひらひらさせる動きは60年代の少年野球の現場でも頻繁に見られた。現代野球でも日本の内野手はサイドハンドから投げる人が多いが、これは半世紀以上前に見せた長嶋の影響だと思う。

また、長嶋にあって大谷にないものはライバルの存在だろう。ピッチャーの村山、金田、そしてON砲と並び称された王貞治……こうしたライバルがいなければ長嶋の野球人生は今ほど光を放っていない。大谷は日本では持ち得なかったライバルを探しにメジャーリーグに挑戦したのかもしれない。

王貞治・一塁手

1940年5月20日生まれ。早稲田実業高校→巨人
2786安打、本塁打868、打点2170

「記録の王、記憶の長嶋」と長く言われてきた。現役時代は冷徹さを感じさせたが、代表監督を務めた第1回WBCでは予選リーグのラウンド1、2で連敗した韓国を準決勝で6対0に退け、決勝ではキューバを10対6で破って優勝を飾るなど、イチローや松坂大輔たちと一体となった熱い〝王貞治像〟を作り上げた。

現役時代は無敵だった。通算ホームラン868本を球場の狭さを理由に低く見る向きがあるが、歴代2位は野村克也（南海など）の657本で、その差は実に211本。この超越した記録を高く評価しているのは日本人よりメジャーリーグ関係者のほうかもしれない。日米野球で来日したメジャーリーガーの数人は必ず日本ベンチを訪れて王に握手を求めていたが、日本では長嶋、王が一般的な序列で、王自身、著書の中で「長嶋さんは存在そのものが野球界を支える中心でした。太陽みたいなものですよ。僕らはその

太陽の周りを回っているだけなのです」(『野球にときめいて』中央公論新社)と書いている。

長嶋が引退する直前の73、74年に連続して三冠王を獲得、名実ともナンバーワンの打者に昇りつめた。74年11月2日にはベーブ・ルースのホームラン記録を抜いたハンク・アーロン(ブレーブスなど)を後楽園球場に招いてホームラン競争を行い、敗れたとはいえ9対10の激戦を繰り広げ、国際的な知名度を増した。

黒人のアーロンが白人のルースの714本塁打に迫ったとき心ないファンから脅迫状が届くなど不穏な空気が漂い、中華民国を国籍とする王にも差別と言わないまでも「長嶋より上に行ってほしくない」という空気はあったと思う。目の前に立ちはだかるルース、長嶋の壁を超えたという面でも2人は似ている。

監督としては苦労した。巨人では5年間指揮を執って、リーグ優勝は87年の1回だけ。追われるように在野に退き、根本陸夫の強引な誘いで95年にはダイエーホークスの監督に就任して、最初の4年間は下位を低迷し、2年目の96年には引き上げるバスの窓に生卵が投げつけられるという屈辱的な事件に見舞われている。

99年の日本シリーズでは中日を破って35年ぶりの日本一に輝き、03年にも阪神を破って日本一に輝いている。監督を退いた09年以降はソフトバンクのフロントトップとしてチーム作りに関わり、13年間で7回の日本一に輝き、黄金時代を作り上げている。一言で言えば、選手としても監督としても〝大器晩成〟の人であった。

福本豊・外野手

1947（昭和22）年11月7日生まれ。大鉄高校→松下電器→阪急
2543安打、打率・291、本塁打208、打点884、盗塁1065

王貞治は通算本塁打数で2位の野村克也に211本の大差をつけているが、福本豊（阪急）も通算盗塁数で2位の広瀬叔功（南海）に469個の大差をつけている。日米通算708のイチロー（オリックスなど）が相手でも357個の差をつけているので、圧倒的な差である。記録に飽きない人、というのが金田正一、王貞治、イチローを見ていつも思うが、そこに福本も加わる。

私はプロ野球記録を1シーズンのトップクラスの記録×20年で測る。ホームランは1

年40本×20年＝800本、ピッチャーの勝ち星なら20勝×20年＝400勝、盗塁なら50個×20年＝1000個である。この数値に近いのはホームランの王貞治、勝ち星の金田正一、盗塁の福本で、セーブは35セーブ×20年＝700セーブ近辺がプロ野球記録にならなければおかしいが、現在は岩瀬仁紀（中日）の407セーブがプロ野球記録だ。

11〜20年、セ・パ両リーグの盗塁王で50盗塁以上しているのは、11年の本多雄一（ソフトバンク）の60個、12年の聖澤諒（楽天）の54個、16年の糸井嘉男（オリックス）、金子侑司（西武）の53個、20年の周東佑京（ソフトバンク）の50個だけである。しかし福本は70〜83年の14年間、ずっと50盗塁以上を記録している。この「記録に飽きない」持続力は重ねて言うが金田、王、イチローに匹敵する。

福本のライバルが南海のキャッチャーだった野村克也だ。17年1月23日号の『週刊ベースボール』中の「新春スペシャル対談」では野村が福本の足を封じるためグラウンドキーパーに命じてスタートを切る一塁ベースの先の砂を柔らかくして水を撒いたという話が出てくる。また二盗させないため9番打者のピッチャーをフォアボールで歩かせたこともあるという。今では当たり前のクイックモーションを考えたのも野村である。

「クイックの誕生で投手の技術も上がったし、キャッチャーもより考えるようになっ

た。フク（福本）は、いろいろな意味で球界に貢献してるんや。大したもんや」（野村）

メジャーリーグへの思いを聞かれると、「あるわけないですわ。1、2試合ならいいけど、時差や移動もあるし、100試合もようできませんって」と謙遜するが、シーズンオフのメジャーリーグとの親善試合ではしばしば盗塁を成功させていた。ヘッドスライディングはケガをするからしないというのも福本流。イチローもヘッドスライディングに警鐘を鳴らしていたが、これは阪急・オリックスの遺産と言っていいかもしれない。

野茂英雄・投手

1968（昭和43）年8月31日生まれ。成城工業高校→新日本製鉄堺→近鉄→ドジャース→メッツ→ブルワーズ→タイガース→レッドソックス→ドジャース→デビルレイズ→ロイヤルズ

NPB＝78勝46敗、防御率3・15

MLB＝123勝109敗、防御率4・24

日本人メジャーリーガーの草分けは64〜65年の2年間、サンフランシスコ・ジャイアンツでプレーした左腕の村上雅則（南海など）である。65年には45試合に登板して4勝1敗8セーブ、防御率3・75という立派な成績を挙げている。球団も村上もメジャー残留を希望したらしいが鶴岡一人・南海監督の強い意思もあり帰国、日本では南海→阪神→日本ハムに在籍し、NPB通算103勝を挙げている。

草分けは村上だが、パイオニア（先駆者、開拓者）なら野茂英雄である。ドラフト1位で入団した近鉄では18勝→17勝→18勝→17勝を挙げ、5年目の94年に鈴木啓示監督とことごとく意見が合わずに衝突、8勝に終わったその年限りで退団している。紆余曲折を経てアメリカへ渡った95年以降はメジャーリーグに活躍の場を移している。

打者から背番号が見えるくらい上半身をねじって投げる独特の投球フォームは〝トルネード〟と呼ばれ、個性を重視するアメリカでブームを巻き起こした。ドジャース1年目には13勝6敗、防御率2・54を挙げ、ナショナル・リーグの新人王に輝いた。争ったのが通算2726安打、468本塁打を記録し、18年に野球殿堂入りしているチッパー・ジョーンズ（ブレーブス）だから印象に残る。

96年9月17日のロッキーズ戦でノーヒットノーランを達成し、レッドソックスに移籍した01年4月4日のオリオールズ戦では2度目のノーヒットノーランを達成した。ロッキーズ戦が行われたクアーズ・フィールドは高地にあるため打球が飛びやすく投手泣かせの球場として知られている。ちなみに、両リーグでのノーヒットノーランはメジャーリーグ史上4人目の快挙である。

成城工業高校時代はほぼ無名で過ごした。一部で素質が認められていたのか社会人野球の新日本製鉄堺に進み、2年目にはトルネード投法から投じられる剛速球と落差の大きいフォークボールが都市対抗で評判を集め、エースとして出場したソウルオリンピックでは銀メダル獲得の原動力となった。

03年に社会人野球を統括する日本野球連盟に所属するNOMOベースボールクラブを創設（現在はNPO法人として活動）したのは、無名の自分を育ててくれた社会人野球への恩返しだったのだろう。

イチロー・外野手

1973（昭和48）年10月22日生まれ。愛工大名電高校→オリックス→マリナーズ→ヤンキース→マーリンズ→マリナーズ
NPB＝1278安打、打率・353、本塁打118、打点529
MLB＝3089安打、打率・311、本塁打117、打点780

オリックスは新型コロナウイルスの影響で観客の入場が制限される直前の19年、173万3998人の動員力を誇っている。イチローが二軍にいた92、93年はというと球場に閑古鳥が鳴いていた。92年約124万人、93年約119万人は実数発表以前の水増し人数である。それが、イチローが活躍を始めた94年に約141万人、95年に約166万人、96年に約180万人と増え続け、イチローがいなくなった01年には107万人に逆戻りしている。

イチロー人気が頂点に達していた頃、東京ドームで行われた日本ハム戦を見たことがある。優勝が決まったあとの消化試合だったが3戦とも満員で、イチローにデッドボー

ルが当たった瞬間、ドーム内にブーイングが轟いて驚かされた。福本豊、加藤秀司、山田久志が牽引して日本シリーズ3連覇した75〜77年でも観客動員は40〜50万人台をさまよっていたのである。イチロー1人で50万人以上を動員したと言っても大げさでない。

イチローが日本を離れる前、メジャーリーグで活躍できるかどうかという記事がマスコミを賑わしたが、「日本人野手がメジャーリーグで成功するのは厳しい」という意見が多かった。4、5月に月間新人MVPを受賞し、オールスターゲームにも両リーグを通じて最多得票で選出され、ヒットと盗塁を記録すると、今度はイチローが量産する内野安打の価値、あるいは是非をめぐる議論が出てきた。打率・350(首位打者)、安打242(最多安打)、盗塁56(盗塁王)、ア・リーグMVPの実績がそうした議論を封じ込め、この活躍はマリナーズに在籍する11年までの11年間続くが、現役の間はネガティブな評価が必ずどこかにあった。

04年にはジョージ・シスラー(ブラウンズ)の持っていたシーズン257安打を上回る262安打を放って2度目の首位打者に輝き、01〜10年まで10年連続で200安打以上を放ち、ゴールデングラブ賞にも輝いている。メジャーリーグで放った通算安打は3089本に達し、これらの実績で2025年の野球殿堂入りは確実視されている。

イチローの全ヒットをＮＨＫのＢＳ放送で見たことがあるが、こんな愉快な映像は他にはないと思っていたら、ホームラン王争いを演じた大谷翔平の全ホームランが21年、やはりＮＨＫのＢＳ放送で特集されていた。稀代のヒットマンとスラッガーと同じ国民という幸せを私は今噛みしめている。そういう人は非常に多いと思う。

ダルビッシュ有・投手

1986（昭和61）年8月16日生まれ。東北高校→日本ハム→レンジャーズ→ドジャース→カブス→パドレス
ＮＰＢ＝93勝38敗、防御率1・99
ＭＬＢ＝79勝67敗、防御率3・56

投球フォームは東北高校時代からどんどん変わっていったが、快速球の中に多彩な変化球を織り交ぜる緩急を主体にしたピッチングスタイルは変わっていない。自らを高校時代、「変化球投手」と自虐的に表現したのは、ストレートを最大の美徳とする日本球

界の価値観に反発したからだろう。ウエイトトレーニングのやり方をYouTubeやTwitterで積極的に発信するのもダルビッシュ流だ。今、プロ野球では高校卒の活躍が目立つが、ダルビッシュが発信するウエイトトレーニングの映像が彼らが活躍する背景にはあると思う。

少し前、イチローがテレビ朝日の「報道ステーション」に出演し、ウエイトトレーニングの流行を「いやいや、全然だめでしょ。虎とかライオンはウエイトしないですから」と発言すると、ダルビッシュは「イチローさんに喧嘩売るわけじゃないですけど、シマウマたちがトレーニングし始めて、だからライオンたちもトレーニングしないといけなくなった」と反論して、世にも不思議なウエイトトレーニングをめぐる論争が起こった。理解するのが難しいウエイトトレーニングの是非をめぐって超一流のイチローとダルビッシュがライオンとシマウマの攻防にたとえて論争する、こんな楽しいウエイトトレーニング話はないと思う。

日本ハム時代のダルビッシュは15勝5敗、防御率1・82を挙げた07年から無双状態に入った。与四球と被安打を投球回で割って算出するWHIP（1イニングあたり何人の走者を出したか示す）は1・00未満を一流の基準にするが、07〜11年で1・00以上だったのは10年の1・01だけ、実働7年では通算0・98だった。同時代を生きるライバル、田中将大（楽天）の1・13とくらべると遥かにいい。ダルビッシュの口癖は「メジャーには興味がない」だったが、ライバルがいない状況での緊張感の維持はここらあたりが限界だった。

レンジャーズ移籍1年目の12年に16勝9敗、防御率3・90を挙げ、翌年以降も13勝9敗、10勝7敗と2ケタ勝利を続け、防御率も2・83→3・06と好調を維持した。16年のシーズン途中にドジャースに移籍し、18年以降はカブス、パドレスに移籍し、新型コロナウイルスの影響で試合数が激減した20年にはアスタリスク（注釈）付きながら、8勝3敗、防御率2・01で日本人初の最多勝を獲得した。

シーズンごとに成績が乱高下する不安定さはあるが、35歳を迎えても肉体的な衰えを感じさせないのはウエイトトレーニングの賜物と言っていい。

大谷翔平・投手&打者

1994（平成6）年7月5日生まれ。花巻東高校→日本ハム→エンゼルス

投手 NPB＝42勝15敗、防御率2・52
MLB＝13勝5敗、防御率3・53

打者 NPB＝296安打、打率・286、本塁打48、打点166
MLB＝370安打、打率・264、本塁打93、打点247

私が目安にするプロ野球選手の成功基準は、投手は300試合登板、50勝（1セーブ、ホールドは0・5勝）、打者は1000試合出場、500安打なので、大谷は日米通算ではすでに投打とも成功基準に達している。「日本の野球を進化させた10人」というたいそうなランキングの割には スケールの小さな成功基準を持ち出したと思われそうだ。私もそう思う。とりあえず、投打のバランスの取れ具合を紹介した。

マニアックな野球ファンならファンが選ぶランキングを見ると、俺はそう思わない、と反論したくなるだろう。私もそうだ。この章の「日本野球を進化させた10人」なら、

大下弘（セネタースなど）、中西太、稲尾和久（ともに西鉄）、野村克也（南海など）、張本勲（東映など）、古田敦也（ヤクルト）や、近年なら佐々木主浩（横浜など）、岩瀬仁紀（中日）、松井秀喜（巨人など）、田中将大（楽天など）、松坂大輔（西武など）が入るのではないか……等々。とくに、ダルビッシュ有と大谷はまだ若いので、「日本の野球を進化させた10人」に入れるのは時期尚早……等々。

私も迷った。一番考えたのは私と年代が近い昭和20年代の名選手たちのことだ。山本浩二、衣笠祥雄（ともに広島）、江夏豊（阪神など）、落合博満（ロッテなど）、あるいは鈴木啓示（近鉄）、山田久志（阪急）、堀内恒夫（巨人）たちは十分、ここに入る資格がある。

ただ70〜94年までの四半世紀、日本はその扉を外に向かって開いていなかった。毎年、3Aクラスの選手を数球団が入団させるくらいで、その選手たちもアメリカに帰国してからメジャーリーグでプレーした例が少ない。「日本の野球を進化させた」と言うからには、そういう時代の中から選手をピックアップするのは難しかった。

鎖国状態の重い扉を開いたのが95年の野茂英雄だ。そこからの日本は本当にさまざまな変化を見せた。ツーシーム、カットボール、チェンジアップなど多彩な変化球や、近年のフライボール革命、守備陣の極端なシフト……そういう変化する象徴のダルビッシュと大谷は外せなかった。野茂とイチローで止めてしまうと鎖国に逆戻りしてしまうのではないか、と思ったのだ。

大谷はメジャーリーグ史上でも特異な存在である。最初は偉大なベーブ・ルースと比較されることが多かったが、最近は投打のバランスの取れ具合やピッチャーとしての完成度ではルースを上回るという意見が主流だ。この大谷の存在がさらに日本の野球を大きく変える。そういう例を次の章でたっぷり書いていきたい。

第2章

大谷の出現が日本野球を変えてしまった！

――時代を転換させた凄い影響力

高校、大学球界で見た大谷翔平の強い影響力

新型コロナウイルスの影響で職場はテレワーク、学校はオンラインによる授業が増え、自分の時間を多く持てるようになった。そういう人たちがメジャーリーグで活躍する大谷をテレビ画面で見る機会が増えたのだろう。21年の野球界はいろいろなところで大谷翔平の影響を感じた。

甲子園大会の前に行われた岩手県大会決勝の花巻東高校対盛岡大付属高校戦で目が釘づけになったのは5回裏、2死二、三塁の場面で1年生スラッガー、佐々木麟太郎（花巻東高）を打席に迎えたときの盛岡大付属高の守備シフト。二塁手が芝生の敷かれた外野ゾーンまで下がって守っていたのだ。佐々木はホームラン性のセンターフライに倒れ、メジャー流の守備シフトは十分に機能したと言っていい。ちなみに、佐々木は花巻

東高時代の大谷を指導した佐々木洋監督の長男で、この日は4打席までに投じられた13球のうちストライクの見逃しは1球もなかった。大谷のDNAはしっかりと受け継がれていた。

21年の大学野球でも大谷やメジャーリーグの影響を強く感じた。秋の東京六大学リーグ、東京大学対立教大学の第1戦では東大の二塁手と遊撃手が内野のラインより深く守っていた。これはメジャーリーグで一般的になっている守備シフトの本歌取りである。付け加えれば東大の守備力はこれまで見たことがないくらい安定感が増していた。元中日の外野手としてプレーしていた井手峻（たかし）監督の指導力の賜物と言っていい。

首都大学リーグの筑波大学対日本体育大学第1戦では日体大の3年生、矢澤宏太が指名打者制度の首都大学リーグにあって4番・投手で出場していた。マスメディアが興味本位で取り上げる〝二刀流〟ではない。ピッチャーで行くのか、バッターで行くのか、スカウトでも将来の進路を悩むくらい才能が突出しているのだ。この日は1回裏、打者12人に5安打、3四球を与える乱調で6失点し、2回から6回までは2安打1四球に抑え、得点を許していない。21年の序盤、投手・大谷がこういうピッチングを何回かやっていた。

矢澤はバッターとしては3打数2安打、四球1、申告四球1という内容で、第1打席の内野安打のときの一塁到達タイムは4・17秒という速さだった。20年秋の横浜市長杯争奪選手権大会準々決勝、共栄大学戦では3番・右翼手としてスタメン出場し、第1打席で三塁打を放ったときの三塁到達タイムが11・60秒、第3打席のセンター前ヒットのときの一塁到達タイムが4・22秒だった。プロでも俊足として十分通用する速さだ。193センチの大谷に対して矢澤は20センチ低い173センチだが、投げても打っても、小ぢんまりまとまっていないところが魅力。22年ドラフトの目玉選手と言っていい。

大谷翔平が投打で見せた「内角攻略」と「内角攻め」

21年3月に行われた社会人野球の全国大会、スポニチ大会でも大谷翔平の影響を感じた。3月11日に行われたHonda鈴鹿対三菱自動車倉敷オーシャンズ戦でのこと、4回表、Honda鈴鹿は2死二塁の場面で1番の栗原健が打席に立っていた。ボールカウントは2ボール1ストライク。この場面で栗原が4球目のスライダーを見逃したとき、「打て」「何、見送ってんだ」という声が味方ベンチから飛んできた。

栗原は1回表にも2つストライクを見逃し、この4回も2つ見逃している。メジャーリーガーなら当たり前のようにストライクを2球続けて見逃さない。スタメン出場中、最も若い23歳の栗原が平然とストライクを見逃している姿を見て、チームメイトは歯がゆかったのだろう。この野次のあと栗原は三塁打を放ち、このときの三塁到達が11・14

秒というかなり速いタイムだった。

栗原は8回には初球打ちでヒットを放ち、9回も初球を打って二塁打を放ち、このときは連係プレーのわずかなスキを突いて二塁を陥れ、二塁到達タイムは8・10秒という速さ。21年に大谷が見せた好球必打と好走塁の影響を感じないわけにはいかない。

21年夏の甲子園大会ではピッチャーの積極的な内角攻めを見て大谷の影響を強く感じた。ホームランを量産する大谷に対してメジャーリーグのピッチャーたちは厳しく内角を攻め、大谷はこれに対応してホームランを量産した。改めて動画を見て確認したら、46本塁打のうち半数以上の25本が内角球を打ったものだった。

19年にリーグ3位の19勝を挙げた左腕、エデュアルド・ロドリゲス（レッドソックス）のチェンジアップをとらえた飛距離132メートルの32号、19年に16勝13敗、21年に10勝6敗を挙げたマルコ・ゴンザレス（マリナーズなど）のツーシームをとらえTーモバイル・パークのデッキ席最上段まで運んだ飛距離141メートルの特大33号は、いずれも簡単に攻略できない内角への変化球である。

野村克也氏の口癖「困ったときのアウトロー（外角低め）」が日本野球では基本的な配球とされ、内角を攻めたら勝負球は外角のスライダー、あるいはフォークボール（スプリット）というパターンが多い。しかし、メジャーリーグでは内角攻めが途切れない。大谷が内角球をとらえてホームランを25本打ったということは、それだけ相手投手が内角を攻め続けていたということだ。

投手・大谷も積極的に内角を攻めていた。最も興奮したのが5月28日のアスレチックス戦。3回裏、無死一塁の場面で1番マーク・カナに投じた2球目は顔の近くをかすめる150キロのストレート。倒れ込んだカナは起き上がると、大谷に向かって「こっちへ来いよ」とファイティングポーズを取り、両軍ベンチからぞろぞろ選手が出てきて不穏な空気が流れるが、大谷は「メジャーリーグって本当にこんなことがあるんだ」と言わんばかりの表情で、薄ら笑みを浮かべていた。

試合が再開されてボールカウントは3－2のフルカウントになり、ここで大谷は内角低めに158キロのストレートを投じてカナを空振りの三振に仕留める。二盗を企てた一塁走者がカート・スズキ捕手の二塁送球に刺されてダブルプレーが成立されるのだが、普通の投手なら2球目の危険球騒動が気になって内角には投げにくい場面である。それでも大谷は頓着せず投げ切って、無得点に抑えている。この場面をテレビ画面で見た人は内角球の重要さを再認識しただろうし、私が高校野球の監督ならこの画面を録画し、選手たちに見せている。

　野球界を飛び越えて一般社会の話題になっている大谷翔平の存在が日本のアマチュアやプロにどんどん入り込み、野球常識を更新しているように思えて仕方がない。そういう大谷ブームを象徴する場所が21年夏の甲子園大会だった。

　この大会は台風9号の影響で初日の9日が順延になり、12日の第1試合（ノースアジア大明桜高校対帯広農業高校）は4回裏が終わったところで降雨ノーゲーム、13、14日も低気圧がもたらした雨により順延、17日は試合こそ成立したが大阪桐蔭高校対東海大学附属菅生高校が泥沼のようなグラウンドで戦われ（大阪桐蔭高が7対4で8回降雨コールド勝ち）、残り3試合は翌日に行われる変則日程になったが18日も雨天で順延、翌日の日刊スポーツ紙には「奥の手」として、決勝戦を31日に予定されている阪神戦と同日で実施する案も紹介されていた（同大会の決勝は予定通り8月29日に行われた）。

　この大会は日本中で猛威を振るう新型コロナウイルスの影響のため一般観客を入れない無観客で行われ、19日には日本高等学校野球連盟（高野連）が継続試合（サスペンデッドゲーム）の導入を検討するプランを明かし、21日には学校関係の入場者を制限する流れで、甲子園大会の名物、ブラスバンドによる応援もできなくなった。

何もかもがこれまで経験したことのなかった非常事態の中、楽しみだったのはインターネットのニュースがもたらす大谷の活躍だった。第二記者席で隣り合わせて観戦していた友人のスポーツライターとスマホの速報を見ては「大谷が打った」「大谷が勝った」と歓声を上げながら喜んだひとときは、私の記憶に長く残るだろう。

その大谷が甲子園球児にもたらした恩恵が「攻撃的精神」である。私も最初は気づかなかったが、大会2日目の東北学院高校対愛工大名電高校戦を見て、大谷がメジャーリーグで示した革命的な二刀流の影響を再認識するようになった。

21年夏の甲子園大会で見応えがあった1回戦の内角攻め

8月11日・第4試合　東北学院高校5－3愛工大名電高校

東北学院高の右腕、伊東大夢（3年）はストレートの最速が141キロという平均的な本格派で、テークバックに行くときの腕の振りが外回りで、体の使い方はスリークォーター。このコントロールが悪そうなフォームでも宮城大会では36回投げ、与四死球率0・75は出場選手中（20イニング以上）最もよく、この試合でも四球は0だった。

打者が踏み込めないのは内角攻めがあったからだ。スターティングメンバーに6人いた右打者の内角をストレートとスライダーで果敢に攻め、死球も2個あった。愛工大名電高ではリリーフで146キロを計測した寺嶋大希（3年）に注目したが、伊東のような積極的な内角攻めがなく打者の踏み込みを許した。

下馬評は愛工大名電高のほうが高かった。伊東はこの強力打線を8安打、3失点に抑えて完投。攻撃面でも私が俊足の目安にする「一塁到達4・3秒未満、二塁送球8・3秒未満、三塁到達12秒未満」を4人（5回）が達成し、優勝候補の伏兵に挙げられていた強豪校を序盤から押しまくった。部内に新型コロナウイルスの感染者が出て2回戦を辞退したが、もう少し見たいチームだった。

8月15日・第1試合　ノースアジア大明桜高校4－2帯広農業高校

1回戦最速の150キロを計測した風間球打（ノースアジア大明桜高3年・ソフトバンク1位）の魅力は球の速さだけではない。私が注目したのは右打者の内角低めをスライダーで突ける変化球の攻撃性。これだけストレートに速さがあり、高低の角度があれば、長打の危険性があるスライダーで内角を突く配球には首を振りたくなるが、風間は躊躇しない。

それでも主体となる球がストレートというのが風間の面白さだ。メジャーリーグで活躍する大谷翔平はストレートでカウントを整え、勝負する球はスプリットやスライダー。これはメジャーリーグでもプロ野球でも共通する配球パターンだが、風間は変化球でカウントを整え、勝負球はストレートというパターンが多い。日本人離れした個性と言っていい。

3日間、雨で順延になったあとの第1試合で、この日も低気圧の影響で8時開始の予定が11時になる不規則な日程、さらにマウンドの状態も万全ではなかったが、許したヒットはわずか7本で、四死球各1個。大会後に散見された「風間はコントロールが不安定」という風評が私には不思議に思えた。

8月15日・第2試合　明徳義塾高校3－2県立岐阜商業高校

県岐阜商高の野崎慎裕（3年）は140キロ程度のストレートにカーブを交えた緩急に特徴がある左腕だ。見応えがあったのが内角攻め。最初はボールが抜けているのかと思った。それが2回裏、5番代木大和（3年・巨人6位）に投げたすべての球が内角へのストレートだったのを見て、抜けではないとわかった。明徳義塾高の代木も130キロ台後半のストレートにスライダー、チェンジアップを交えた技巧派だが、3回には9番の野崎に内角攻めの返礼をし（四球になったが）、ドラフト候補の4番高木翔斗（3年・広島7位）には内角攻めで翻弄し、無安打に抑えている。

技巧派ほど内角を攻めるのはプロ野球の世界では常識だ。歴代与死球ランキングは1位東尾修（西武）、2位渡辺秀武（巨人など）、3位坂井勝二（ロッテなど）……。東尾以外は知らない読者もいると思うが、渡辺、坂井はアンダースローの技巧派で、ともに通算100勝以上記録している。今季（21年）両リーグで断トツの17与死球（10月24日現在）を記録しているパ・リーグの石川柊太（ソフトバンク）も大きく曲がるパワーカーブに持ち味があり、技巧派ではないが大谷の与死球もエンゼルスの中で最も多い10個だった。いいピッチャーほど内角を積極的に攻め、その副産物であるデッドボールも多くなるというのは過去も現在も変わらない。

8月15日・第3試合　神戸国際大学付属高校2-1北海高校

北海高の左腕、木村大成（3年・ソフトバンク3位）は右打者には内角低めのクロスファイアー、左打者には内角を最速144キロのストレートで攻める攻撃的な配球で強力打線を6安打、2失点に抑えた。神戸国際大付高の阪上翔也（3年）も右打者の内角を力強いストレートでえぐってスキを見せない。決勝打を打ったのは神戸国際大付高の2番、山里宝（2年）だ。2回表に放ったレフトへの二塁打で三塁走者が還り、これが勝負を決める決勝打になった。山里はチームが放った6安打中、1人で3安打を打っているが、強打の2番打者という点で大谷とイメージが重なった。

8月16日・第2試合　専大松戸高校6－0明豊高校

最速146キロを計測した明豊高の先発、京本真（3年・巨人育成7位）に対して、専大松戸高の先発、深沢鳳介（3年・DeNA5位）の最速は142キロ。速さで負けても5番までに4人並ぶ左打者の内角をストレートで厳しく突く攻撃的なピッチングで春のセンバツ準優勝校を6安打、無失点に抑えた。球数136は現在の高校野球では批判の対象となる多さだが、3ボールになったのは3回しかなかった。

8月16日・第4試合　盛岡大付属高校7－0鹿島学園高校

87年前の34年に来日して全日本チームに17戦全勝した全米オールスターチームの業績は超人的なプレーだけではない。同年11月14日付の読売新聞に「米国選手は教える」という見出しのもと、「日本の投手に欠けたものはチェンジ・オブ・ベース（チェンジアップ）」、「（攻撃は）長打主義の方が統計的には得だ」という教訓を残している。

また、ベーブ・ルースは37年1月4日付の読売新聞に「〝スラッガーを求めよ　日本人には特に『強打』が必要〟」という見出しのもと、次のようなコメントを残している。「カレッジのベースボールはあまりに型にはまり過ぎ。（中略）特に打撃に就いては押し当てていくという二十年も以前にアメリカで流行した方法が勢力を得て、それがすっかり伝統的に選手にこびりついてしまったものだという事である」

いわゆる「おっつけて逆方向に打つ」スタイルをルースは今から84年前に批判し、この「おっつけて逆方向」は現在も日本の野球界で主流を占めている。こういう歴史を踏まえて見た鹿島学園高対盛岡大付属高は新鮮に映った。

注目したのは盛岡大付属高の４番、金子京介（３年）だ。相手投手が投じた11球のうちストライクを見逃したのは１球だけ。また全打席３球以内に打っていき、打球方向はすべて引っ張ったレフト方向。おっつけて逆方向という考え方が金子にはまったくないのだろう。引っ張りと言っても、大きくバットを引いて、反動をつけて打つ強引さはなく、下半身もゆったり始動をして、探るようにステップする。

これより23日前に行われた岩手大会決勝の花巻東高戦では5回打席に立ってやはりストライクの見逃しは2つだけだった。打球方向はホームランを含む３つがレフト方向で、センターフライが1つあった（残りの1打席は三振）。右利きと左利きの違いはあるが、大谷が高校時代に主戦場にした県営岩手球場で、岩手の高校に在籍する高校生がいい形で場外にホームランを放つ姿は、大谷の遺伝のように思えた。

8月17日・第1試合　大阪桐蔭高校7－4東海大菅生高校（8回降雨コールド）

小雨から本格的な雨に変わり、黒土のグラウンドには水がたまっていた。ショートゴロと思った打球が途中で止まって内野安打になったところでコールドゲームが宣告されたが、この足場の悪さでも大阪桐蔭高の左腕、松浦慶斗（3年・日本ハム7位）は相手打者の内角を積極的にストレートで突いた。「勝負球は変化球でもいいんじゃないか」と思ったのは、たまに投げる縦に割れるカーブとスライダーのキレがよかったからだ。この2つの球種をもっと見たかったが、松浦は最後までストレートと内角にこだわった。

2回戦でも続いた内角攻めと強打の2番打者

8月19日・第3試合　京都国際高校1－0前橋育英高校

部内に新型コロナウイルスの感染者が出たため宮崎商業高校が棄権（智弁和歌山高校が不戦勝）、第1試合の近江高校対日大東北高校戦は5回表が終ったところで降雨ノーゲームが宣告され、第2試合も順延となり、第3試合に予定されていたこの試合が繰り上がった。

こういう緊張感を強いられる大会の中で救いとなったのが、大谷のホームランと奪三振の情報だった。野手としては月間MVPを受賞した6、7月の勢いはなかったが、甲子園大会が行われている8月11日（現地時間）に38号、14日に39号、18日に40号、26日に41号を放ち、ピッチャーとしては12、18日に勝ち投手になっている。

2回戦初っ端の前橋育英高対京都国際高で目立ったのも大谷の影響を感じさせるピッチャーの内角攻めだった。京都国際高の2年生左腕、森下瑠大のストレートはいたって平凡だが、緩急を使いながら内角を辛抱強く投げ続け、群馬大会で打率・364を記録した強力打線を被安打4、与四球2に抑え、完封してしまった。大きい変化より打者の手元で小さく変化する持ち球もメジャーリーグの影響かもしれない。

8月19日・第4試合　高松商業高校10－7作新学院高校

この試合で注目したのは高松商業高の2番、浅野翔吾（2年）だ。山里宝（神戸国際大付高）や前高翔太（熊本工業高）も2年生の強打者で2番を打っているが、バッティングの迫力では浅野が上回る。1回裏は無死一塁でライトライナー、3回は1死一、三塁でレフト前ヒットを記録しているようにバントが1つもない。作新学院高のようにバントをしないチームではない。1、2、5回にはバントで走者を進め、3、5回は得点に結びつけている。

身長170センチでも打球は強烈だ。3回に打ったタイムリーが強い印象を残したのだろう。5回は無死一塁でストレートのフォアボール、6回は2死ランナーなしからフルカウントの末にフォアボールで歩かされている。6対7でリードされた8回裏には2死一塁からレフト前ヒットを放ち、4、5番打者のタイムリーにつなげ、サヨナラ勝ちしている。

「強打の2番打者」は1950年代の豊田泰光（西鉄）、1994年のカズ山本（山本和範、ダイエー）、現在は巨人の坂本勇人が有名だが、日本ではまだ一般的でない。メジャーリーグでは当たり前になっているこの戦術が甲子園大会で取り入れられているのは大谷の影響だろう。プロが踏み切れない戦術に高校野球が先に反応しているのが面白い。

8月20日・第4試合　敦賀気比高校8－6日本文理高校

新潟と福井の北陸対決は個人技に見どころの多い試合になった。日本文理高の2年生、田中晴也はストレートの最速が147キロを計測した速球派。ステップと同時に上半身が追いかける性急な投球フォームはテークバック時の体の割れを不十分にするが、3回表の3者三振は見事だった。とくに8、9番には内角低めに142キロのストレートを投じ、見逃しに仕留めている。

この田中から2安打したのが敦賀気比高の3番、大島正樹（3年）だ。5打数2安打を記録し、4回の二塁打のときの二塁到達タイムは8・27秒と速い。さらに見応えのあったのが8回裏の守備だ。1死一、二塁の場面で7番打者がセンター前ヒットを放ち、大島がワンバウンド返球で二塁走者の生還を許さなかった。

日本文理高のキャッチャー、竹野聖智（2年）の肩もよかった。イニング間の投球練習の最後に投げる二塁送球のとき一番速いタイムを出すのが普通だが、竹野は9回、1死一塁の場面で二盗を企図した走者を殺し、このときの二塁送球タイムが1・78秒というとんでもない速さだった。日本文理高の田中―竹野のバッテリーは2年生なので、来年はスカウトの視線がさらに熱くなりそうだ。

8月22日・第1試合　明徳義塾高校8―2ノースアジア大明桜高校

1回戦の参加選手中、最速の150キロを計測した風間球打のピッチングが注目されたが、試合巧者の明徳義塾高の待球作戦にみごとに足をすくわれた。1回表が25球、2回が21球、3回が29球……6回を投げ終わったときは139球に達し、この回限りでライトにポジションを代えた。6回までのスコアは明徳義塾高の2対1。この点差で風間がマウンドを降りるとは誰も思わなかっただろう。

7回表、明徳義塾高は明桜高2番手投手の乱調につけこんだ。四球→バント→四球→四球で1死満塁のチャンスを迎え、5番代木大和が敢行したスクイズバントが空振りとなり、このボールをキャッチャーがはじく間に三塁走者が生還して3点目を奪取。この場面をなぜかデジャヴ（既視感）を感じながら書いている。

時系列が逆だがこれより10日後の9月1日（アメリカは8月31日）、ヤンキース対エンゼルス戦で大谷がキャッチャーの二塁送球のスキを突いてホームスチールを敢行しているのだ。甲子園大会のほうが10日早いが、どんな局面でも足を緩めない大谷の攻撃的な姿勢が明徳義塾高の好走塁に反映されているように思えて仕方ない。明徳義塾高はこのあとも勝ち進み、準々決勝まで進出している。

8月23日・全国女子硬式野球選手権　神戸弘陵高校4－0高知中央高校

午前7時59分にスタートした大阪桐蔭高校対近江高校が終わってから約7時間後、女子選手権決勝の神戸弘陵高対高知中央高がスタートした。今確認できる女子硬式野球の最も古い観戦記録は10年8月30日、女子プロ野球の京都アストドリームス対兵庫スイングスマイリーズのもの。高校とプロ野球、2010年と2021年、女子プロが9イニング制、女子高校選手権が7イニング制という違いはとりあえず置いて、いろいろな面を比較してみた。まず脚力。ここでは俊足の目安を「一塁到達4秒台、二塁到達8秒台、三塁到達13秒台」にした。

［2010年の女子プロ］
京都アストドリームス　7人9回
兵庫スイングスマイリーズ　5人8回

［2021年の女子高校野球］
高知中央高　1人1回
神戸弘陵高　5人6回

脚力は11年前のプロのほうが速かった。京都の3番、三浦伊織（中堅手）は1回裏にバントをして、このときの一塁到達タイムは4・20秒という圧倒的な速さ。21年の女子高校選手はというと神戸弘陵高4番、正代絢子が第1打席でショート内野安打を打ったときの4・60秒だった。ピッチャーの球の速さはあまり変わらない。10年の最速を紹介する。

［2010年のプロ］

新井　蛍（京都アストドリームス）　115キロ
田中　碧（兵庫スイングスマイリーズ）　112キロ

［2021年の女子高校野球］

和田　千波留（高知中央高）　105キロ
松本　里乃（高知中央高）　116キロ
日高　結衣（神戸弘陵高）　112キロ
島野愛友利（神戸弘陵高）　117キロ

スコアボードには「女子野球を当たり前の文化に」というキャッチコピーが映し出されていた。たとえば、女子マラソンが広く国民に愛される競技になったのは00年のシドニーオリンピックで高橋尚子が金メダルを獲得してからだろう。当時、女子の世界記録は男子より15分くらい遅れていたが、タイムを比較して女子マラソンは遅くてつまらない、という人は少数派だったと思う。しかし、女子の硬式野球を文化にするには、高橋尚子が世界で初めて2時間20分を切って世界記録を出したようなインパクトがほしい。

この女子選手権決勝を見て感じたのは、ピッチャーなら125キロ、打者走者の一塁到達タイムなら4・5秒台くらいの脚力が普通にほしいということ。それを前提にしない限り、女子野球は文化にならないと思う。また、送りバントを高知中央高が4回（空振り三振含む）、神戸弘陵高が2回やっているが、体が小さくて、外野までの距離も短い球場でバントばかりしていれば、競技自体が縮んで見える。女子野球ではバントの数は制限したほうがいいと思った。

「がんばれ！女子野球」というインターネットのサイトを見ると、「(女子硬式野球が)人気競技かと聞かれれば、まだその域には達していない。男子野球を見慣れた人たちからは、『スピード感やパワーがない』『柵越えホームランやクロスプレーが少ないから、スリリングじゃない』という言葉をよく聞く、と書かれていた。私もまったく同じことを思った。

このサイトにはピッチャーの球速アップ、バッターの柵越えホームラン増に取り組んでいる様子が紹介されているので、時代は動いているのだろう。

先発投手の球数は神戸弘陵高の日高が83球、高知中央高の和田が78球、これは多すぎる。男子野球のいいところと悪いところをうまく取捨選択して女子硬式野球を文化の位置まで高めてほしい。

8月24日・第1試合　京都国際高校6－4二松学舎大付属高校（延長10回）

京都国際高・森下瑠大（2年）と二松学舎大付高・秋山正雲（3年・ロッテ4位）両左腕の投手戦は見ていて楽しかった。ストレートの最速は森下が138キロ、秋山が142キロ。正直、速くなかった。秋山の最大の武器は超高校級と言われるチェンジアップ。1回表はそのチェンジアップをあまり投げていない。1番打者には3－2から4本のファールボールを打たれているが、多投したのはストレート。チェンジアップを投げたのは3番中川勇斗（3年・阪神7位）を空振りの三振に仕留めた5球目が最初だった。

フォークボールの神様と呼ばれる杉下茂は、フォークボールを投げないピッチャーとして知られている。打者がフォークボールの杉下というイメージを抱いて打席に立っていれば速いストレートは打てない。秋山の思惑も同じだったのだろう。しかし、6回表には1、2、3、4、7番にストレートを長短打され、3点を失っている。

大谷はスプリットを若いボールカウントで投げることに躊躇しない。90年代のヤクルト・古田敦也もピッチャーの勝負球を若いカウントで盛んに用い、ヤクルトは92～01年までの10年間でリーグ優勝5回、日本一4回に輝いている。勝負球は出し惜しみしない……これは過去30年間に根づいた日本野球の新しいセオリー。秋山には参考にしてほしい。

8月25日・第3試合　神戸国際大付属高校6－5長崎商業高校（延長10回）

この試合は〝西川侑志（神戸国際大付高3年）デー〟だった。2回裏は2－2からの5球目をレフトポール際に運んで1点差に迫り、4回は1ボールからのシュートをレフト前ヒット、7回は初球のチェンジアップを左中間への二塁打、そして5対5で迎えた10回裏、2死二、三塁の場面では初球のストレートをレフト前に弾き返してサヨナラの走者を迎え入れた。特筆されるのは6打席中、ストライクの見逃しが1つしかなかったこと。3番阪上翔也も積極的に打っていくタイプだが、この試合では3つの見逃がしがあった。

ピッチャーでは神戸国際大付属高の左腕、楠本晴紀（2年）がよかった。185センチの長身だがこの日計測したストレートの最速は141キロ、けっして速球派ではない。目立ったのは執拗な内角攻めで、とくに縦変化のスライダーで左打者の内角を突く配球が目立った。これはキャッチャー、西川のリードによるところも大きいのだろう。

8月28日・準決勝第1試合　智弁和歌山高校5－1近江高校

智弁和歌山高の7番、髙嶋奨哉（3年）は甲子園通算68勝（歴代1位）を誇る髙嶋仁・前監督の孫として知られる。プレーを見るまでは、現在監督を務める中谷仁監督は起用しづらいだろうなと思っていたが、小さく遅い始動と打ちにいくときの慎重なステップを見て、何で下位を打っているんだと、逆に起用法に対して批判したくなった。

「自分がイメージしているバットの振り出しの一番最初のところをなるべく遅くすることで動くボールに対してももっと打てるようになるのかなと」

これは大谷が『週刊ベースボール』（2017年1・9&16号）で話していることであ

る。早い始動と遅い始動は意見が分かれるところで、私は多くのメジャーリーガーを見て遅いほうがいいと思っているが、イチローはトップを早く作って備えたほうがいいと言っている。要は選手がタイミングを取りやすいほうを選べばいいのだが、髙嶋は大谷派と言っていい。

ただ、2日前の準々決勝では早めの始動で備えていたので、まだバッティングの形が出来上がっていないのだろう。準決勝は3打数0安打（四球1、犠打1）と結果も出ていない。髙嶋のような試みを見るとバッティングは難しい、とつくづく考えさせられる。

メジャーリーガー大谷翔平を（が）語った金言名句

「ケガばっかりを怖がってもしょうがないし、1年間、出し切るためにはどうするかということが根本的に大事なところかなと思います」

「（伸びしろはどんなところに感じていますかと聞かれ）一番はメカニックじゃないですか。自分にとっての一番いい投げ方、効率のいい投げ方というのは、それこそ引退するまでずっと探していくんだろうと思っています」

（ともに『ナンバー 21年9月24日号』、大谷談）

「一番すごいなと思うのは、両方をこなす準備をしっかりできていること。（中略）彼はその両方の準備を楽しんでやっているのは明らかで、負担とは思っていない。それを可能にする、優れた肉体を持っている」

（ヤンキースのゲリット・コール）

「（FA権取得後もチームに残留したいかと質問され）私はチームが本当に好きです。ファンが大好きでチームの雰囲気が大好きです。しかし、それ以上に勝ちたいという気持ちが強いですし、それが選手として正しいと思っています」

「（プレーオフに出られないフラストレーションは）ありますね、やっぱり。もっともっと楽しいというか、ヒリヒリするような9月を過ごしたいですし、クラブハウスもそういう会話が溢れるような、9月になるのを願ってますし」

（9月26日のマリナーズ戦後に）

「シーズン32本塁打は、大谷選手のような打者からすれば、ただの通過点に過ぎないでしょう。メジャーリーグでは、私も長距離打者とは呼ばれたことはありました。しかし、大谷選手こそが真の長距離打者だと感じます。また、大谷選手は素晴らしいピッチャーでもあります。そして、メジャーリーガーにとって常識と考えられていたものを超えていっています。彼のような選手は存在しません」

（7月7日、松井秀喜が日本人メジャー最多となる32号を放った大谷について語る）

「素晴らしい選手、そしてとても謙虚で素晴らしい人間。天才だ。（二刀流が）成功するか試すためのある種の実験として地球に送られてきたのだと思う。そしてそれは成功している」

（ア・リーグ本塁打王、ブルージェイズのウラージミル・ゲレーロJr.）

「大谷は凄い。メジャー最高級の選手。本塁打王に関してはベストを尽くして毎日プレーするだけだ。彼が（二刀流で）やっていることを見られるのは特別なことだし、オールスターでバッテリーを組めたのは良い思い出。そこで接した大谷はとても謙虚だったことを覚えている」

（ア・リーグ本塁打王、ロイヤルズのサルバドール・ペレス）

「レギュラーの野手であれば、毎日試合に出ながらリズムをつくることができる。彼の場合はそこに投手としての作業が加わる。指名打者で出る日も（試合前に）ブルペンで投球練習をすることになる。そして、先発した日には100球近く投げる。本当に信じ難いことをやっていると思う」

（通算762本塁打のバリー・ボンズが時事通信の電話インタビューで）

「表現するのが難しい。彼はものすごい才能を持っている。彼と同じ場所にいられること、そしてここで彼のプレーを見ることが光栄なんだ」

（ヤンキースのアーロン・ジャッジ）

「今日の野球は分析に頼りすぎるところがある。実際に（目の前で）やっている姿を見るまでは『それは無理だ』と言う人がいる。『これはできない』『もう何年も見たことがない』と言って、ネガティブな方に引き寄せられてしまう。でもね、彼は世の中が間違っていると証明しているじゃないか。選手が（出来ないといわれていることを）実際にやってみて世界が間違っていると証明する」

（ホームランダービーを連覇したメッツのピート・アロンソ）

「彼はこの惑星で1番、野球の才能に恵まれた人間だと思う。ショウヘイがやっていることを、このレベルでできる人はいないだろうね」

「ホームランダービーに出て、オールスターゲームに先発登板する選手なんて聞いたことがない。彼がもたらした話題性は、MLBにとって、野球という競技にとって、非常に大きなことなんだ」

（ともにドジャースのデーブ・ロバーツ監督）

「ホームランを打たれたことも、三振を奪ったことも子供に伝えたい」

（21年8月11日、ホームランを許したブルージェイズのアレク・マノアが試合後に語ったこと）

「（大谷は）本当にアメージングなことをしている。称賛せざるをえない。願わくば彼があと15年は（二刀流を）続けてくれればいいね」

（パドレスのフェルナンド・タティスJr.）

「ケタ外れで前例のないシーズンを送ったオオタニは、2021年ベースボール・アメリカの年間最優秀選手となった」

（ベースボール・アメリカ誌が選ぶプレーヤー・オブ・ザ・イヤーに選出された大谷評）

「けがなくシーズンを通して活躍した2021年は具体的な数字で一定の答えを示した年だと思う。中心選手として長い間プレーするには1年間、全力でプレーした軸となるシーズンが不可欠だ。それが今年築けたのではないか。アスリートとしての時間は限られる。考え方はさまざまだろうが、無理はできる間にしかできない。21年のシーズンを機に、できる限り無理をしながら翔平にしか描けない時代を築いていってほしい」

（21年10月3日に行われたマリナーズ戦のあとイチローが語ったこと）

「（大谷の二刀流の凄さを語る相手に対し）そんなことは独身でないとできないんじゃないかな」（オルティス）

「独身か、すごく良い結婚をしているか、どっちかだね。その中間では無理」（ロドリゲス）

（元ヤンキースのアレックス・ロドリゲスと元レッドソックスのデービッド・オルティスがテレビ番組に出演して大谷について語る）

「一度広がった精神が元のように狭まることは難しい」

（エンゼルスのジョー・マドン監督が二刀流について）

「（ビートルズの）ジョンとリンゴとジョージとポールが1人の人間になって歩いているようなものだ」

（Newsweek 日本版　21年10・12号）

「アメリカ中の野球ファンが、彼のすべてのプレーに注目している。メジャーリーグの中でも、すごく大きな存在で、数字がすべてを物語っている。日本人の野球ファンにとって、本当に夢の世界だと思う。彼がそれを実現してくれている。打つだけではなく、ピッチャーとしてもプレーしていることは、日本の野球の歴史の中でも大きなものだと思っている」

（9月21日、チャリティーゴルフの大会に参加していた松井秀喜の大谷評）

日本時代、大谷翔平を（が）語った金言名句

「普通に打撃練習させせたら一球八百円近くもする硬球が次々と川に落ちてなくなってしまう（笑）。だから翔平は引っ張り禁止にして、逆打ちの練習をさせたんです。リトル時代に三十五本のホームランを打ちましたが、そのうち十五、六本はセンターから逆方向でした」

（『週刊文春』２０１４年10月23日号、「大谷翔平『怪物』の育て方より、水沢リトル浅利昭治元事務局長」

「地方大会では有力校が次々と敗退するなど、夏を勝ち進む難しさを痛感させられました／とりわけ残念なのは花巻東の大谷投手をこの甲子園でみられなかったこと」

（奥島孝康・日本高野連会長。12年夏の甲子園大会閉会式での発言に抗議が殺到した）

「難しいことを難しく考えるからいけないんですよ」

（日本ハム時代の14年、「代打は難しい」とこぼすベテラン稲葉篤紀に大谷が語ったこと）

「誰もやったことがないことをやる。漫画みたいな世界の選手を作るっていうのは、これからのプロ野球のためにすごい大きなテーマだと思っているので。これから野球がもっともっと皆がやりたくなるような、見たくなるような（選手を作ることは）っていうのは我々に課せられた使命だと思っている」

（栗山英樹・前日本ハム監督）

「すごいピッチャーはいくらでも出てきます。でも、あんなバッターはなかなか出てこない」

（イチロー、当時マリナーズ）

「投げる方も打つ方も。こっちは必死でどちらかをやっているのに。嫉妬してしまいますよね」

（内川聖一、当時ソフトバンク）

「中田よりホームラン打った。チームの4番より多くホームランを打ったって。僕も人間ですから、最後の方はホントに嫌いやったですね」

（中田翔、当時日本ハム）

「いい人の映像を見るのがすごい好きですね。いい人のスライダーとかいい人のフォークとか携帯（スマホ）でよくみていますね。翌日のキャッチボールで実践してみようと考えることが楽しい」

（元メジャーリーガー、斎藤隆氏との対談で大谷が語る）

「大谷のことはみんな知ってる。明らかにいいバッター。疲れもあったけど、失投でなくても打たれたかもしれない」

（16年11月12日の日本対オランダ戦で大谷にホームランを打たれたジェイアー・ジャージェンス）

「ローボールヒッターだと思っていたが、高めの球をあんなに高く上げることができるとは。(所属するジャイアンツに)今回のレポートを書くが、日本で1人挙げるなら大谷だ」

(ヘンスリー・ミューレン/オランダ監督)

「ボールは滑りやすかったけど、マウンド(の硬さ)は札幌ドームと変わらない」

(16年2月のアリゾナキャンプで大谷談)

「(二刀流の意気込みを聞かれ)1年目やるにあたって、懐疑的な声はありましたけど、やっぱりアメリカの方が受け入れてくれる器というか、そういうのは広いなと感じたので、どちらかというと日本の1年目の方が、なんというか、幅としては狭かったなという印象が強いので。今は何も気にすることなく、あとはもう自分が結果を出すだけなので」

「（来年のことを聞かれ）バッティングもそうですけど、特にピッチングは、イニング数はそこまで多くないので、数を増やしていけたら、高いレベルで数字も残るんじゃないかなと思います」

「（子供たちへのメッセージを聞かれ）夢を与えようとか、元気を与えようみたいなものは全く考えていないので、そう受け取ってもらえたらうれしいなと思って毎日、頑張ってます。（中略）野球をやっている子は特に、うまい選手を目標に頑張ると思う。僕自身がやっぱり、それに値するような、目指されても問題ないような人間として、今後頑張っていきたいなと思ってます」

（2021年11月15日の帰国会見で大谷自身が語ったこと）

第3章

スラッガーの覚醒

――記憶に残る46本のホームランの煌めき

動きを極端に抑えた大谷流の打撃フォーム

やりたい技術を実現させるためにはそれ相応の筋力が必要で、その動きを完成させるためにウエイトトレーニングをする、とは17年1月にNHKのBS1で放送された「大谷翔平が語る 優勝への15奪三振」で大谷が語ったトレーニング論である。

前章では、「自分がイメージしているバットの振り出しの一番最初のところをなるべく遅くすることで動くボールに対してももっと打てるようになるのかなと」という言葉も紹介した。バットの振り出しの一番最初を遅くするということは、投手の動きに惑わされず、球種や球筋をぎりぎりまで見極めてからキャッチャー寄りで打つ――そういうバッティングを実現するためには「肉体的な強さが求められ」、それを「ウエイトトレーニングが可能にした」ということだろう。

メジャーリーグに挑戦したばかりの18年春はネガティブな評価にさらされた。オープン戦での投打の成績は、防御率が27・00、打率が・125。バッティングでは前足を上げる一本足打法がボールに差し込まれる原因になり、早々と現在のような動きを極力抑えた打ち方に変えた。3月29日のアスレチックスとの開幕戦では8番・指名打者でスタメン出場を果たし5打数1安打。日刊スポーツは「全米メディア反応」というコーナーを設け、さまざまな意見を紹介している。

「打席で防戦的で、打者有利のカウントでも慎重なスイング」（ヤフースポーツ）

「23歳の選手に期待がかかりすぎ。慣れるまで時間が必要だ。光るものはあった」（FOXスポーツでフランク・トーマス氏が語る）

好意的とは言えない評価はオープン戦の不成績をメディアが引きずっていたからだろう。それが4月1日のアスレチックス戦で初登板を果たし、6回3失点で初勝利を挙げると風向きが微妙に変わってきた。スポーツ報知は「米メディア一転称賛」の見出しで、次のようなコメントを紹介した。

「大谷は本家、ルース以来の強打の投手になれる」（スポーティング・ニューズ電子版）

「公式戦の初戦で、どれだけ変身したかを見れば、地上最高の選手になりたいという志

も理解できる」（ロサンゼルス・タイムズ電子版）

一方、女房役のマーティン・マルドナド捕手（現アストロズ）は、「キャンプではなかった速球の制球がすごく良かった。（乾燥した）アリゾナとは空気が違うから、いい投球をすることは分かっていた」と、キャッチャーならではの見方で評価している。

4月3日のインディアンス戦では、マニアックでないファンをも虜にする姿がテレビ画面いっぱいに映し出された。1回裏、2死二、三塁の場面で右中間スタンドに飛び込む3ランを放ったあとベンチに戻ると、味方選手は大谷に背を向けてフィールドに顔を向けている。新人の快挙を見ないふりして放置するサイレント・トリートメントの儀式である。

大谷がたまらず後ろからイアン・キンズラー（元パドレスなど）に抱きつく姿が、日刊スポーツでは「ねぇねぇねぇねぇ」と漫画の吹き出しのような言葉で表現されている。スルーしないでハイタッチしてよ、頭ぽんぽん叩いてよ、と言わんばかりの弾ける笑顔。その直後、いっせいに大谷に駆け寄って祝福するのは、現在は他球団でプレーするマルドナド、アルバート・プホルス（現ドジャース）、アンドリュー・ヒーニー（現ヤンキース）たち。メジャーリーグの生存競争の激しさが垣間見える映像である。

オープン戦で打ちあぐねたときには「基本的に彼は高校生バッターみたいなもの」「高校生バッターにメジャーリーグに飛び込めなんて言えるかい?」と書かれた男が、シーズンが終わると野手としては打率・285、安打93、本塁打22、打点61、投手としては10試合に登板して4勝2敗、防御率4・31の成績を挙げ、アメリカン・リーグの新人王に選出された。この華々しさはメジャーリーグでしか味わえない。

野球とベースボールは全然違う

17年3月に行われた第4回WBC（ワールドベースボールクラシック）に出場し、日本の4強進出に貢献した千賀滉大（ソフトバンク）は日本と世界の違いは感じたかと聞かれ、「別物だなと思うほど感じました」と語っている。

「（日本が）アメリカのようなボールなら4シームを投げるピッチャーではなく、2シームを投げるピッチャーが増えていたかもしれない。打者も日本の打者は足を上げて前で打ちますけど、向こうの打者は体の近くで捉える。フォークも、日本なら前で捌くからファールになったりするんですが、向こうの選手はそれを体の近くでガーンって打っても、あれだけ飛ぶ。全然違うな、と思いましたね」（http://japan-baseball.nittsu.co.jp/article/887/）

千賀が感じた「全然違う感覚」は大谷も感じただろう。そして、違う感覚を克服しようとすぐ動いた。メジャーリーグの投手は日本のようにストレート（フォーシーム）を主体にしたピッチングをしない。MLB歴代最多の通算652セーブを挙げ、史上初の満票を得て野球殿堂入りしたマリアノ・リベラ（ヤンキース）の最大の武器は、全投球数の8割以上を占めると言われるカットボールである。リベラは極端にしても、ツーシーム、シンカー、チェンジアップを主要な持ち球にするピッチャーは多い。

打者の近くで小さく曲がったり落ちたりする変化球に対応するには、大きい動き、速い動きは邪魔になる。大谷が取り入れた、前足を最初から前に出して構え、投球に合わせて小さくねじるタイミングの取り方は、メジャーリーグでやっていくんだという大谷の決意表明のように思える。

日本のボールにくらべ少しだけサイズが大きく滑りやすいMLBの硬式球は、故障のリスクも大きい。18年6月には右手中指のマメを潰し、その直後に右ヒジ靭帯の損傷が判明、10月には右ヒジ内側側副靭帯（ないそくそくふくじんたい）の再建術、トミー・ジョン手術を受けている。投手なら術後の1年から1年半はリハビリに充てられるが、打つだけなら負担が小さいと判断、大谷は19年のシーズンを打者専任で突っ走った。同年9月には今度は左ヒザの膝蓋（しつがい）

骨の手術と試練は続くが、大谷の表情に暗さは見られない。メジャー2年目の19年は野手として106試合に出場して、1年目と変わらない打撃成績を残した。

〈打率・286、安打110、本塁打18、打点62〉

ちなみに、左ヒザの状態がよくなかったにも関わらず、前年より盗塁は10→12、三塁打は2→5に増えている。右ヒジ手術後、野手専任であっても106試合に出場するのも常人では考えられない。

6月13日のレイズ戦では3ラン→二塁打→三塁打→単打の順に長短打を重ね、イチロー、松井秀喜でもできなかったサイクル安打を達成。シーズン終了後の11月には投球練習を再開できるまで右ヒジの状態がよくなり、その前途に翳りは見えなかった。

日本球界にもいた二刀流 31試合連続安打の記録をつくった通算237勝の鉄腕投手

ここで日本球界の二刀流の歴史も振り返ってみたい。指名打者制度のない高校野球では投手で3、4番は今でも珍しくない。21年春のセンバツ大会では阪上翔也（神戸国際大付高）、新川俊介（具志川商高）、花田侑樹（広島新庄高）、森下瑠大（京都国際高）の4人がエースで3、4番の中軸をまかされていた。

選手権では船木佑（米子東高）、花田（前出）、田村俊介（愛工大名電高）、伊東大夢（東北学院高）、阪上（前出）、奥野真斗（小松大谷高）、吉田達也（日大東北高）、山田陽翔（近江高）、田中晴也（日本文理高）、平野順大（京都国際高）の10人が中軸を打っていた。

まだ分業制の敷かれていなかった大昔（とくに戦前）、大谷のような選手がプロ野球に進み、そのまま二刀流を務めることは普通にあった。中京商業（現中京大中京高）時代、37、38年夏の選手権を連覇する原動力になり、戦前のセネタースなどで156勝、戦後は阪急で81勝した野口二郎は打者としても通算830安打している。46年には31試合連続安打を放ち、これは71年に長池徳二（阪急）に破られるまでプロ野球記録だった。

実兄の野口明も二刀流である。打者として1169安打、投手として49勝40敗を挙げ、セネタース時代の37年秋には15勝15敗で最多勝に輝いている。

セ・パ2リーグに分裂した50年、松竹で最多勝（39勝12敗）に輝いた真田重蔵は打者としても通算353安打する強打者で、とくに50年はキャリアハイとなる54安打、36打点を挙げ、50〜52年の3年間は打率3割を記録した。

近鉄時代は巧打者、引退後はヤクルトの監督として知られている関根潤三は法政大時代、投手として有名だった。プロ入り後は53〜55年の3年間に10勝以上挙げ、通算65勝94敗、打者としては通算1137安打を放ち、キャリア最後の65年にはその後9連覇を達成する巨人に入団、代打としてV1に貢献している。

77年に野球殿堂入りしている西沢道夫（中日）は180センチ以上の長身だったた

め、大相撲の巨漢力士、出羽ヶ嶽文治郎にあやかり「文ちゃん」の愛称で呼ばれていた。体格のスケールだけでなく成績も40年に投手として20勝、50年に打者として46本塁打を記録、中日時代の背番号15は永久欠番になっている。

服部受弘の現役時代の背番号10も中日の永久欠番だ。投手として112勝65敗、打者として447安打を記録し、戦前の41年には8本塁打でタイトルを獲得している。

巨人のV9を率いた監督として名高い川上哲治は現役時代、高みに到達したときの打撃の境地を「球が止まって見えた」と表現している。付いた異名が〝打撃の神様〟。39年に打率・338で首位打者に輝き、投手としてはキャリアハイの6勝（4敗）を挙げている。〝初代ミスタータイガース〟の藤村富美男（阪神）も46年に投手としてキャリアハイの13勝2敗、3年後の49年には46本塁打、142打点で打撃二冠に輝いている。

別所毅彦（巨人など）もスケールの大きい二刀流だ。投手としてはヴィクトル・スタルヒン（巨人）に次ぐ300勝を挙げ、打者としては通算500安打を記録している。戦前にプレーしたのが2年間だけで、46年以降の15年間は戦後、とくに野球が複雑になっていく50年代だった点も評価できる。

金田正一（国鉄）はたびたび代打で出場し、ヒットを打つ姿をテレビで見たことがある。投手として打ったホームランは38本に達し、指名打者兼任の大谷を除けば、歴代トップである（2位は別所の35本）。個人的な感想だが、大谷を除いて最も迫力のある二刀流は金田だと思う。

戦後生まれの投手でバッティングがよかったのは堀内恒夫（巨人）、鈴木啓示（近鉄）、江夏豊（阪神など）、山田久志（阪急）、斎藤雅樹（巨人）、桑田真澄（巨人など）など多数。堀内はノーヒットノーランを演じた67年10月10日の広島戦で3打席連続ホームランを放っている。江夏も73年8月30日の中日戦でノーヒットに抑えるが、味方打線が沈黙して延長11回表まで0行進が続く。そして11回裏、左腕松本幸行の初球を振り抜いてサヨナラホームランを放ち、「野球は1人でできる」という真偽不明の名言が独り歩きする。

三原脩が近鉄の監督を務めた68年、野手として109試合に出場、打率・274（安打74）を記録したのが永淵洋三だ。投手としては主にリリーフでマウンドに上り、防御率2・84を残している。漫画『あぶさん』のモデルになっているように、よかったのはバッティングだが（69年の首位打者）、リリーフをコールされたあと外野のポジションから走ってマウンドに向かう姿は今でも記憶に残っている。

ここまでプロ野球草創期から70年代までの二刀流の流れを見てきたが、プレーが成熟していなかった1リーグ時代でも大谷ほど相手チームを圧倒する投打の二刀流は出現していない。ある時期から二刀流という概念さえ許されないくらい投打の分業化が進み、75年にはパ・リーグが指名打者制度を取り入れ、現在ピッチャーが打席に立つのは高校までの野球を除けば、大学野球の東京六大学リーグ、関西学生野球リーグとプロ野球のセ・リーグだけである。メジャーリーグでもピッチャーが打席に立つナ・リーグで指名打者制度の導入が現実的だ。そういう環境の中から大谷翔平は出現したのである。

大谷の二刀流に力を注いだ栗山英樹は21年11月1日、日本ハム監督の退任会見でこんなことを言っている。

「球団には『来年から〝二刀流〟という枠を作って下さいよ』と言って辞めようかと。2つやることによって生きる選手が、やっぱりいて。(過去にも)二刀流できた人は絶対にいたはずで、それを見落としていたということを、僕らは反省しなきゃいけない」

二刀流継続が不安視された2020年から一転、コロナの猛威を吹き飛ばす21年の好スタート

世界中の経済活動をストップさせた新型コロナウイルスの影響で20年、メジャーリーグの活動も制限された。開幕したのは前年より約3カ月遅れの7月23日、閉幕は9月27日。試合は全球団60試合で、ナ・リーグの最多勝に輝いたダルビッシュ有（当時カブス）の勝利数は8だった。

大谷は8月、右ヒジに違和感を覚えシーズン中の登板が絶望視された。バッティングも上昇する気配がなく打率・190、本塁打7で終幕。この成績低下は二刀流の継続に小さいながら警鐘を鳴らしたようだ。「はじめに」で大谷自身が語った、二刀流を継続

する不安にもう少し言葉を足そう。

「だから、そう（ラストチャンスだと）いう雰囲気を吹き飛ばすためにも、数字は示さなくちゃならなかったと思います。今の時代、いい数字が残ればそれだけチームも使わなくちゃならない選手だというところに落ち着きますからね」

21年の第1号は開幕日翌日の4月2日に出た。インディアンス戦の9回裏、2死一塁の局面で、相手投手は21年9、10月の月間最優秀救援投手で8勝3敗38セーブでセーブ王にも輝いているリアム・ヘンドリックス。フルカウントから投じた97マイル（156キロ）のストレートを右中間スタンドに放り込み、このときの打球の飛距離が128・3メートル、ボールが上がった角度は29度だった。

「バレルゾーン」という耳慣れない言葉を21年はよく耳にした。高い確率で長打、ホームランになる打球は「初速が98マイル（約157・7キロ）以上、打球角度が26〜30度」。これは統計に基づいて割り出された数字で、日本で旋風を巻き起こしている「フライボール革命」もバレルゾーンを元に組み立てられた打撃理論だ。

投手としても早い時期に成果を見せている。4月4日のホワイトソックス戦は先発して4回3分の2を投げて被安打2、奪三振7という成績。勝敗はついていないが、大谷のピッチャーとしての力は十分に見せた。

この日のピッチングを振り返ると、5回に降板する場面はエンゼルス守備陣に問題があった。2死二、三塁でヨアン・モンカダを三振に仕留めた球をキャッチャーが後逸して三塁走者が生還、キャッチャーの一塁送球も悪送球になり、そのスキに二塁走者が生還して同点、さらにホームベースのカバーに入っていた大谷が走者のスライディングに足を取られて横転。このシーンを見て、今年のエンゼルスは相当きついなと思った。

それでも大谷はシーズン序盤を快調に滑り出した。二刀流継続の危機をリアルに受け止めたことが緊張感を生んだのだろう。ストレートの最速は100マイル（約161キロ）に達し、打撃面では12日のロイヤルズ戦の7回表に放った二塁打の打球速度が119マイル（191・5キロ）を計測した。この打球速度は4日の時点では両リーグ最速で、シーズン終了後の集計ではジャンカルロ・スタントン、アーロン・ジャッジ（ともにヤンキース）に次いで3位。あとがないと覚悟した大谷の一生懸命さがよく現われている数字で、全力で投げて打つスタイルは最後まで緩まなかった。

センター中心だったホームランの打球方向が21年はライトに集中した

エンゼルス対アスレチックス戦を中継するＡＢＥＭＡで解説者の福島良一さんが、21年7月30日の時点でメジャーリーグ全体でホームランの数が約11・6パーセント減っていると指摘。21年2月9日付けの日刊スポーツ電子版を見ると、ボールの内部構造を変えることにより従来のボールで１１４メートル飛んでいた打球の飛距離が約30〜60センチ落ち、本塁打数は全体で約５パーセント減少するだろうと報じていた。福島さんの予想はほぼ的中して、両リーグのホームラン数は６７７６本から５９４４本に減っていた。ＭＬＢの予測を大きく上回る12パーセント以上の激減である。

「本塁打、三振、四球ばかりで試合の動きが少ないことに懸念の声が上がっていた」

2019年と2021年のMLBホームラン数

アメリカン・リーグ	2019年	2021年
ヤンキース	306	222
レッドソックス	245	219
ブルージェイズ	247	262
オリオールズ	213	195
レイズ	217	222
タイガース	149	179
ツインズ	307	228
ホワイトソックス	182	190
インディアンス	223	203
ロイヤルズ	162	163
アスレチックス	257	199
エンゼルス	220	190
マリナーズ	239	199
レンジャーズ	223	167
アストロズ	288	221
<合計>	3478	3059

ナショナル・リーグ	2019年	2021年
ブレーブス	249	239
ナショナルズ	231	182
フィリーズ	215	198
マーリンズ	146	158
メッツ	242	176
カージナルス	210	198
レッズ	227	222
パイレーツ	163	124
カブス	256	210
ブルワーズ	250	194
ダイヤモンドバックス	220	144
ジャイアンツ	167	241
ドジャース	279	237
ロッキーズ	224	182
パドレス	219	180
<合計>	3298	2885

低反発球を導入した背景はよくわかったが、それらがスムーズに頭の中に入ってこない。大谷がシーズン中に見せたケタ違いのホームランの数々が頭の中に蘇(よみがえ)るからだ。

第2号は今季（21年）13勝7敗を挙げたホワイトソックスのディラン・シーズが投じた外角高めの97マイルのストレートを打ったもので、打球速度は185・4キロ、飛距離は137・5メートルに達した。

18～20年（以下、前3年）までのホームランの飛距離と方向を調べると、130メートルを超えるホームランは47本中11本。それが21年は46本中19本に増え、前3年には見られなかった140メートル超えも4本あった。打球方向にも大きな変化があった。

前3年間はセンターからレフト方向が多く、左方向が26パーセント、中方向が40パーセント、右方向が34パーセントと広角に分散していた。それが21年は左方向が13パーセント、中方向が19・6パーセント、右方向が67・4パーセントに変わっていた。この変化については雑誌『ナンバー1035』で大谷自身が詳しく語っている。

「流した打球は今年のボールだと飛ばないなと感じているので……今までのボールだったら流した打球が何本も届いているはずですから、もっとホームランは増えていたでしょうし、打率も上がっていたと思います。（中略）一番力が伝わる方向が今までは左中

大谷翔平の全ホームラン方向と飛距離

2018年				
1	右翼3ラン	121m	4／3	インディアンス戦
2	中堅2ラン	122m	4／4	インディアンス戦
3	中堅ソロ	137m	4／6	アスレチックス戦
4	右翼ソロ	125m	4／27	ヤンキース戦
5	中堅ソロ	126m	5／10	ツインズ戦
6	中堅ソロ	125m	5／17	レイズ戦
7	中堅ソロ	135m	7／8	ドジャース戦
8	中堅ソロ	133m	7／23	ホワイトソックス戦
9	右翼2ラン	136m	7／25	ホワイトソックス戦
10	左翼2ラン	114m	8／3	インディアンス戦
11	右翼ソロ	135m	〃	インディアンス戦
12	左翼3ラン	125m	8／7	タイガース戦
13	中堅3ラン	125m	8／18	レンジャーズ戦
14	中堅2ラン	127m	8／25	アストロズ戦
15	中堅3ラン	126m	8／27	ロッキーズ戦
16	右翼ソロ	126m	9／4	レンジャーズ戦
17	右翼ソロ	110m	9／5	レンジャーズ戦
18	右翼2ラン	107m	〃	レンジャーズ戦
19	中堅3ラン	126m	9／7	ホワイトソックス戦
20	中堅ソロ	127m	9／15	マリナーズ戦
21	右翼ソロ	130m	9／24	レンジャーズ戦
22	左翼ソロ	114m	9／26	レンジャーズ戦

2019年				
1	中堅2ラン	131m	5／13	ツインズ戦
2	右翼2ラン	120m	5／18	ロイヤルズ戦
3	左翼ソロ	110m	5／31	マリナーズ戦
4	左中2ラン	118m	6／4	アスレチックス戦
5	中堅3ラン	122m	6／5	アスレチックス戦
6	左翼ソロ	121m	6／8	マリナーズ戦
7	右翼ソロ	127m	6／11	ドジャース戦
8	左中3ラン	126m	6／13	レイズ戦

9	左翼3ラン	114m	6／17	ブルージェイズ戦
10	中堅2ラン	124m	6／27	アスレチックス戦
11	右中ソロ	119m	6／30	アスレチックス戦
12	右中ソロ	136m	〃	アスレチックス戦
13	中堅ソロ	129m	7／5	アストロズ戦
14	左中2ラン	121m	7／7	アストロズ戦
15	中堅ソロ	134m	7／27	オリオールズ戦
16	中堅ソロ	131m	8／18	ホワイトソックス戦
17	左翌3ラン	123m	9／7	ホワイトソックス戦
18	右翼ソロ	123m	9／11	インディアンス戦

2020年				
1	右翼3ラン	122.5m	7／29	マリナーズ戦
2	左翌3ラン	122.5m	7／30	マリナーズ戦
3	左翼ソロ	106.9m	8／6	マリナーズ戦
4	右中2ラン	127.1m	8／10	アスレチックス戦
5	中堅3ラン	133.8m	8／23	アスレチックス戦
6	右翼ソロ	117.3m	9／19	レンジャーズ戦
7	中堅2ラン	117.3m	9／23	パドレス戦

2021年				
1	右中2ラン	128.3m	4／2	ホワイトソックス戦
2	右中ソロ	137.5m	4／4	ホワイトソックス戦
3	中堅ソロ	128.6m	4／9	ブルージェイズ戦
4	中堅ソロ	131m	4／13	ロイヤルズ戦
5	右中ソロ	122.5m	4／21	レンジャーズ戦
6	中堅ソロ	126m	4／24	アストロズ戦
7	中堅ソロ	134m	4／25	アストロズ戦
8	右翼ソロ	111m	4／30	マリナーズ戦
9	中堅2ラン	130m	5／3	レイズ戦
10	右中2ラン	130m	5／6	レイズ戦
11	左翼ソロ	113m	5／14	レッドソックス戦
12	右翼2ラン	113m	5／16	レッドソックス戦
13	右翼3ラン	131m	5／17	インディアンス戦
14	中堅ソロ	134m	5／18	インディアンス戦
15	右翼3ラン	116m	5／25	レンジャーズ戦

16	左翼ソロ	133m	6／5	マリナーズ戦
17	右中2ラン	143m	6／8	ロイヤルズ戦
18	右中ソロ	131m	6／15	アスレチックス戦
19	右翼ソロ	133m	6／16	アスレチックス戦
20	右翌2ラン	122m	6／18	タイガース戦
21	左中ソロ	124m	〃	タイガース戦
22	左翼2ラン	121m	6／19	タイガース戦
23	中堅2ラン	126m	6／20	タイガース戦
24	右中ソロ	138m	6／25	レイズ戦
25	左翼ソロ	117m	6／27	レイズ戦
26	右翼ソロ	126.8m	6／28	ヤンキース戦
27	右翼ソロ	120m	6／29	ヤンキース戦
28	右翌2ラン	109m	〃	ヤンキース戦
29	右翼ソロ	127m	7／2	オリオールズ戦
30	左翌2ラン	122m	〃	オリオールズ戦
31	中堅ソロ	140m	7／4	オリオールズ戦
32	右翼ソロ	132m	7／7	レッドソックス戦
33	右翼ソロ	141m	7／9	マリナーズ戦
34	右中2ラン	128m	7／18	マリナーズ戦
35	右翼ソロ	126m	7／25	ツインズ戦
36	右中2ラン	141m	7／27	ロッキーズ戦
37	右翼3ラン	118m	7／28	ロッキーズ戦
38	中堅2ラン	126m	8／11	ブルージェイズ戦
39	右翼ソロ	120m	8／14	アストロズ戦
40	右翼ソロ	131m	8／18	タイガース戦
41	右翼ソロ	114m	8／26	オリオールズ戦
42	右翼ソロ	131m	8／30	ヤンキース戦
43	右中3ラン	130m	9／4	レンジャーズ戦
44	右翼ソロ	112m	9／10	アストロズ戦
45	右翼ソロ	136m	9／21	アストロズ戦
46	右翼ソロ	127m	10／3	マリナーズ戦

●打球方向

	2018年		2019年		2020年		2021年		合計	
左翼	3	13.6%	7	38.9%	2	28.6%	6	13.0%	18	19.4%
中堅	11	50.0%	6	33.3%	2	28.6%	9	19.6%	28	30.1%
右翼	8	36.4%	5	27.8%	3	42.9%	31	67.4%	47	50.5%

●ホームランを打っている球団（合計93本）

マリナーズ	11本
アスレチックス	10本
レンジャーズ	10本
アストロズ	8本
インディアンス	7本
ホワイトソックス	7本
レイズ	6本
タイガース	6本
ヤンキース	5本
オリオールズ	5本
ロッキーズ	3本
ロイヤルズ	3本
ブルージェイズ	3本
レッドソックス	3本
ツインズ	3本
ドジャース	2本
パドレス	1本

※打っていない球団
（ナショナル・リーグ）

ブレーブス
マーリンズ
メッツ
フィリーズ
ナショナルズ
カブス
レッズ
ブルワーズ
パイレーツ
カーディナルス
ダイヤモンドバックス
ジャイアンツ

間寄りだったんですけど、今年はセンターからちょっと右くらいの方向の打球が一番力を伝えられるようになったんです」

そうなった理由を大谷はいろいろな要素を出して、多角的に語っている。

「単純にピッチャーの投げる球が速くて、今まではできなかったんです」

「速いボールを引っ張って弾き飛ばせるためのフィジカルと技術があるかないか」

ウエイトトレーニングの効用を挙げながら、20年は痛くて使えなかった左ヒザが手術で使えるようになったと言い、「そこに尽きる（最も大事なこと）」とも付け加えている。感傷や感情を交えた野球観は興味がないのか、そういうときの答えは面白みに欠けるが、技術論を交えて語るとき大谷の言葉は冴えわたる。

イチローが素振りに込めた理想のスイングを大谷翔平が今メジャーリーグの舞台で再現している

アマチュア野球を観戦していて日本ハムのスカウトに会うと、よく大谷の話をする。山田正雄元GMに「今日も打ちましたよ」と言うと「凄いね」と笑い、あるときは「ホームラン王、大丈夫かね」と孫の成長を心配するような顔で表情をくもらせる。遠藤良平GM補佐に「活躍して嬉しいですか」と聞いたときは、「当たり前じゃないですか」と厳しい言葉の割に口元が綻(ほころ)んでいた。大谷がこんなに早くメジャーに挑戦しなければまだ日本ハムでプレーしているのに……等々、世間はチームが下位に低迷しているためネガティブな話題で盛り上がっているが、関係者はタイトルを獲るような大谷の活躍に胸を躍らせている。

大渕隆スカウト部長に「大谷はアッパースイングか否か」と話を振ったときは、「バットは上から出ていますから」と、アッパースイングと言われること自体が迷惑そうだった。

私もアッパースイングとダウンスイングの二者択一で正解はどっち、みたいな話は好きではない。バットを上から出して高いボールをとらえることはできないのでレベルないしはアッパースイングになるが、バットを下から出して低い球はとらえられないのでダウンスイングの軌道を描く。ダウンスイングと言っても薪割りのように最後まで下向きに振り下ろすのではない。フォロースルーのときスイング軌道はゴルフスイングのような弧を描いて上がっていく、大渕さんはそう言いたかったのだろう。

大谷が「アッパースイングがいい」と言えば、全国のアマチュア球児の多くは言葉尻だけとらえて、バットを下から出してスイングするだろう。実際に甲子園大会ではそういう選手がいた。それは危険な兆候である。

私はイチローの素振りが一番正しいスイングの形だと思っている。

「タテ軌道でバットを振り出し、下からしゃくり上げるようにフォロースルーを大きく取る。これはバッティングの基本を誇張して行っているもので、イチローが小学生や中学生や高校生に『バッティングの基本はこうだよ』と無言でメッセージを送っていると勝手に解釈している」

22年前に書いた拙著からの引用である。大谷が低めの球をとらえてライトスタンドに放り込むとき私はイチローの素振りを思い浮かべ、嬉しくなる。イチローのメッセージを受け止めた大谷が異なる形に変えて大輪の花を咲かせている、そう思うだけで幸せになるのだ。

ライバルのゲレーロJr.とタティースJr.は佐藤輝明（阪神）と同年の早生まれ

21年は大谷も含めて、それまで話題のど真ん中にいなかった選手が一気にスターダムにのし上がった年でもあった。その最も象徴的な選手が大谷翔平、ウラジミール・ゲレーロJr.（ブルージェイズ）、フェルナンド・タティースJr.（パドレス）である。

ゲレーロの父、ゲレーロ・シニアは元メジャーリーガーで75年2月生まれ。日本の学制に合わせればイチローの1学年下になるのだからまだ若い。エンゼルスなどで通算16年間プレーし、打率・３１８、本塁打４４９、打点１４９６を残し、18年には野球殿堂入りしている。

父親が40歳代なのでジュニアも若い。99年3月生まれは日本の佐藤輝明（阪神）とまったく同じだ。20年までのキャリアハイは19年の打率・２７２、本塁打15、打点69と普通。それが21年には打率・311、本塁打48、打点111を記録して、ホームラン王を獲得した。長打率は大谷を9厘引き離し1位、単打を除く長打力を表す指標ISOは大谷に次いで2位、平均打球速度95・1マイルはジャッジ、スタントン（ともにヤンキース）に次いで3位、バレルゾーン率は4位の10・7パーセント（1位は大谷12・2パーセント）……等々、どのランキングを見ても名前が出てくる。そして、私たち日本人には大谷と熾烈なホームラン王争いをしたことで強く印象に残っている。

ナ・リーグのホームラン王、フェルナンド・タティースJr.（パドレス）も99年1月生まれの22歳だ。右利きのスラッガー、父親が元メジャーリーガー、メジャーデビューが19年というところまでゲレーロJr.とそっくりだ。異なるのは脚力とポジション。19〜21年の盗塁数はタティースの52に対してゲレーロは5。ポジションはタティースがショートでゲレーロは一塁。

190センチ以上あるショートストップはメジャーリーグでも少なく、現役のレギュラー級ではタティース以外、アストロズのカルロス・コレアとドジャースのコリー・シーガーくらいだ。歴代でもマリナーズ時代のアレックス・ロドリゲス、カル・リプケンJr.（オリオールズ）、デレク・ジータ（ヤンキース）くらいしか思い浮かばない。最も華やかなショートストップというポジションを190センチ超えの大男が守る、これはメジャーリーグでも非常に稀で、ファンはロマンを抱く。

昨年オフには史上3位の14年3億4000万ドルで契約したことがスポーツ紙に報じられ驚かされた。このタティースとゲレーロの仲のよさがよくわかったのが21年オールスターゲームの3回表だ。大谷が凡退したあとゲレーロがレフトスタンド上段に飛距離142・7メートルのホームランを放り込むのだが、このとき笑みを浮かべながら両手で頭を抱えるタティースの姿が映し出された。さまざまな縁で結ばれた同年齢ならではの親しみとシンパシーが感じられ、大谷を交えたライバル物語がこれから綴られていくのだなと思うと無性に興奮した。

ゲレーロJr.とタティースJr.が、大谷とホームラン競争をするファン・ソトに熱烈アドバイス

21年7月13日にロッキーズの本拠地、クアーズ・フィールドで行われたオールスターゲームは前日のホームランダービーも含め、強い印象を残した。オールスターのパレードを歩いた後にロッカーへ行くと、そこには選手やコーチらが大谷にサインをリクエストしたボールが600球、ユニフォームが10枚、バット数本がずらりと並び、大谷は先発登板前にもかかわらずそれらの一つ一つに、丁寧にサインしたという。

大谷がゲーム中、拾い上げたキャッチャーマスクを手渡し、拾ったゴミをポケットに入れ、球審に挨拶する様子が称賛されると、日本のアマチュア野球の現場では普通に見られるんだけどなと苦笑いしてしまうが、ボール600球、ユニフォーム10枚、バット

数本に嫌な顔をせずサインするのは相当な苦行だ。

球宴前日のホームランダービーは、制限時間3分の間に何本スタンドに放り込むかで勝負が決まるイベントである。ちなみに、大谷がキャッチャーを通訳の水原一平氏にまかせたのは「後ろに僕より緊張している人がいたほうが楽」だから。インタビューに加わっていた往年の名投手、ペドロ・マルティネスはこの答えを聞いて爆笑したという。

ファン・ソト（ナショナルズ）との1回戦は大接戦だった。互いに22本で並び、タイブレークでも6本ずつ打っても勝負が決まらず、2度目のタイブレークは3スイング勝負で、最初に打ったソトが3本をスタンドインさせ、大谷が1本目を打ち損じて勝負が決まった。

2度目のタイブレークに臨むときソトにゲレーロとタティースが、「3スイングだ。時間をかけろ。打つんだ」（ゲレーロ）、「スローモーションだ。カモンベイビー」（タティース）とアドバイスする映像がMLBの公式ツイッターで紹介されている。ソトは98年10月生まれなのでゲレーロ、タティースとは1歳違い。3人のフレンドリーな関係が伝わるし、メジャーリーグでの新旧交代の現実もわかってわくわくする。

翌日のオールスターゲームでは1回裏に投手・大谷対タティースJr.の対戦が実現し

た。初球が96マイルのストレートでファール、2球目の97マイルは外角低めに外れてボール、3球目のスライダーが空振り、4球目のスプリットでファールを打たせ、5球目のスライダーでレフトフライに打ち取っている。

2番のマックス・マンシー（ドジャース）には初球のスライダーが見逃し、2球目のスプリットがボールになり、3球目の97マイルのストレートで二塁ゴロ。

3番のノーラン・アレナド（カージナルス）は初球99マイルが低めに外れ、2球目のスライダーでファールを打たせ、3球目の97マイルのストレートで空振り、4球目にこの日初めて100マイル（約161キロ）を計測したストレートでファール、5球目も100マイルを計測するが外角高めに外れ、6球目のスプリットでショートゴロに打ち取っている。

ゲレーロJr.とともに48本塁打でタイトルを分け合ったパドレスのサルバドール・ペレス捕手はバッテリーを組んだ大谷の印象を「今、リーグで最高の選手のひとりだ。ホームランを打って、盗塁もできる。投げては、スピードボールだけじゃなくて、スライダーもスプリットもカーブもすごい。彼のボールを受けるのは本当に夢のようなことだった。僕らは上手くいけば、オールスターでこうしてバッテリーを組む機会が増えるかもしれないね」と絶賛している。まさかこの31歳のベテランキャッチャーがシーズン後半にホームランを量産し、ゲレーロJr.とともにホームラン王になるとは思わなかった。

月間MVPに輝いた6、7月は記憶に残るホームランが満載だった

4月が8本、5月が7本、ホームランのペースとしては上々だろう。162試合に換算すれば45本以上のホームランが期待できるペースである。この45本という数字は日本人にとっては夢というより非現実な数字である。ペースとしては確かに50本まで行きそうだが、メジャーリーグでそんなに簡単にホームランを量産できないことは、日本のホームランキング、松井秀喜が証明している。日本球界では投げるピッチャーが少なかった手元で小さく変化するムービングファストボールに苦しめられ、毎試合のようにボテボテの内野ゴロを積み重ね、ついた異名が〝ゴロキング〟だった。

日本人のシーズン最高記録はその松井秀喜（当時ヤンキース）が04年に記録した31本。ゴロキングの汚名を徐々に晴らし、松井はメジャーリーグに確かな足跡を残してい

く。ホームランばかり話題になるが、ヤンキース1年目の03年から3年連続で100打点以上挙げ（07年も103打点）、03～09年までは毎年ポストシーズンに出場、通算・312、本塁打10、打点39を記録している。

ヤンキース在籍の最終年（09年）にワールドシリーズに出場し、打率・615、本塁打3、打点8という途方もない記録を残してMVPに輝いている。その松井のホームラン数を本当に超えることができるのか、4月、5月の快進撃を見ても、どこかでブレーキがかかると思っていた。

しかし、6月、7月の大谷は別格のモンスターだった。18～20年は外角寄りのボールをおっつけて逆方向に打つというのが大谷のスタイルだった。言ってみれば投手の力を借りてホームランにしていた。それが21年は前3年と同じようにキャッチャー寄りでボールをとらえているのに、これを引っ張ってライト方向のスタンドまで運んでいる。それも130メートル以上の飛距離が多い。

高校時代から大谷のバッティングには驚かされてきたが、21年の大谷を見てから前3年や日本ハム時代を見ると体が細く、反動を使うことが多いのに気づかされる。それが21年はどっしり構え、予備動作が小さくなっていた。全盛期のケン・グリフィーJr.やバリー・ボンズがそういう打ち方をしていた。

　知人の伊藤栄祐（日本ハム）さんが来日したボンズのバッティングピッチャーをしたとき、見送るなと思った瞬間にボールをとらえられ、あっという間にスタンドに放り込まれたと話してくれた。21年6月の大谷はまさにそういう打ち方になっていた。5日に16号、8日に17号、15日に18号までは飛び飛びで打っていたのが、16日以降の15日間で11本の固め打ちをし、「打率・309、本塁打13、打点23、OPS1・312」の成績で、自身初の月間MVPに輝いている。

　この勢いは7月も変わらない。オールスターゲームを挟んで4日の休みがあったにもかかわらず「打率・282、本塁打9、打点19、OPS1・067」で2か月連続のMVP。17号は飛距離143・3メートルの特大弾、24号はトロピカーナ・フィールドの広告板の後ろにあるキャットウォークに達する138・1メートル弾、25号はピート・フェアバンクス（レッズ）が投じた内角いっぱいの95マイルを逆方向に運ぶ技あり、というより飛距離143メートルのホームランより力強さを感じさせる一発……等々、見どころ満載のホームラン月間になった。

第5打席	第6打席	通算打率	安打／打数	本塁打	打点
		0	4打数0安打		
右HR		0.222	9打数2安打	1号	2
		0.231	13打数3安打		
		0.25	16打数4安打	2号	1
		0.25	16打数4安打		
		0.3	20打数6安打		
四球		0.292	24打数7安打		1
中直		0.31	29打数9安打	3号	4
		0.303	33打数10安打		
左二塁打		0.342	38打数13安打		3
右安打		0.372	43打数16安打	4号	1
		0.348	46打数16安打		
		0.34	50打数17安打		
		0.315	54打数17安打		
		0.316	57打数18安打	5号	1
*三振		0.29	62打数18安打		
*三振		0.299	67打数20安打		1
		0.296	71打数21安打	6号	1
*三振		0.289	76打数22安打	7号	1
		0.304	79打数24安打		2
		0.286	84打数24安打		
		0.284	88打数25安打		

大谷翔平 2021年バッティング全成績

日付	対戦相手	打順／位置	第1打席	第2打席	第3打席	第4打席
4月1日	○ホワイトソックス 4−3	2番／DH	＊三振	三邪	右飛	二失
2日	●ホワイトソックス 8−12	2番／DH	右三塁打	＊三振	＊三振	＊三振
3日	○ホワイトソックス 5−3	2番／DH	＊三振	遊飛	右安打	＊三振
4日	○ホワイトソックス 7−4	2番／投手	右HR	中直	遊ゴロ	
5日	○アストロズ 7−6	代打	死球			
6日	●アストロズ 2−4	2番／DH	右安打	右直	投ゴロ	左安打
7日	なし					
8日	○ブルージェイズ 7−5	2番／DH	＊三振	一直	＊三振	右安打
9日	○ブルージェイズ 7−1	2番／DH	＊三振	右二塁打	中HR	左飛
10日	●ブルージェイズ 1−15	2番／DH	右三塁打	三振	二ゴロ	＊三振
11日	中止					
12日	○ロイヤルズ 10−3	2番／DH	左安打	二ゴロ併	遊失	右二塁打
13日	●ロイヤルズ 2−3	2番／DH	遊安打	左飛	右HR	二直
14日	●ロイヤルズ 1−6	2番／DH	＊三振	四球	＊三振	左飛
15日	なし					
16日	○ツインズ 10−3	2番／DH	遊飛	遊ゴロ	中安打	＊三振
17日	中止					
18日	中止					
19日	●レンジャーズ 4−6	2番／DH	一ゴロ併	中飛	＊三振	＊三振
20日	○レンジャーズ 6−2	投手専任				
21日	●レンジャーズ 4−7	2番／DH	三振	右HR	三振	死球
22日	●アストロズ 2−8	2番／DH	＊三振	中飛	一ゴロ	遊ゴロ
23日	●アストロズ 4−5	2番／DH	中安打	三振	右二塁打	一ゴロ
24日	●アストロズ 2−16	2番／DH	一ゴロ	中HR	遊ゴロ	一失
25日	○アストロズ 4−2	2番／DH	三振	三ゴロ	中飛	右HR
26日	○レンジャーズ 9−4	2番／投手	四球	右二塁打	＊三振	三安打
27日	●レンジャーズ 1−6	2番／DH	右飛	右飛	＊三振	三ゴロ
28日	○レンジャーズ 4−3	2番／DH	三邪	左二塁打	二ゴロ	＊三振

＊三振＝空振り三振

第5打席	第6打席	通算打率	安打／打数	本塁打	打点
		0.283	92打数26安打	8号	1

◇4月.283、本塁打8、打点19

中直		0.271	96打数26安打		1
		0.263	99打数26安打		
		0.272	103打数28安打	9号	2
		0.264	106打数28安打		
					2
		0.273	110打数30安打	10号	2
遊飛		0.278	115打数32安打		
二ゴロ		0.275	120打数33安打		
		0.276	123打数34安打		
一ゴロ		0.266	128打数34安打		
		0.265	132打数35安打		
		0.257	136打数35安打		
		0.264	140打数37安打	11号	1
		0.264	144打数38安打		
右HR		0.262	149打数39安打	12号	1
三振		0.263	152打数40安打	13号	3
		0.271	155打数42安打	14号	2
		0.272	158打数43安打		
		0.272	158打数43安打		
		0.267	161打数43安打		
		0.262	164打数43安打		
		0.268	168打数45安打		1
		0.268	168打数45安打		1
*三振		0.269	171打数46安打	15号	3
		0.27	174打数47安打		

※降板後ライトへ

日付	対戦相手		打順／位置	第1打席	第2打席	第3打席	第4打席
4月29日	なし						
30日	●マリナーズ	4−7	2番／DH	左飛	右HR	三ゴロ	二ゴロ

◇24試合／12勝12敗

日付	対戦相手		打順／位置	第1打席	第2打席	第3打席	第4打席
5月1日	○マリナーズ	10−5	2番／DH	四球	一ゴロ	左飛	三飛
2日	●マリナーズ	0−2	2番／DH	死球	二失	遊飛	二ゴロ
3日	●レイズ	3−7	2番／DH	中二塁打	*三振	中HR	左飛
4日	●レイズ	3−8	2番／DH	左飛	中飛	左飛	四球
5日	●レイズ	1−3	投手専任				
6日	●レイズ	3−8	2番／DH	*三振	右HR	*三振	右安打
7日	○ドジャース	9−2	2番／DH	*三振	中飛	左二塁打	右二塁打
8日	●ドジャース	11−14	2番／DH	三ゴロ	*三振	右安打	二失
9日	○ドジャース	2−1	2番／DH	遊安打	四球	*三振	中飛
10日	○アストロズ	5−4	2番／DH	*三振	*三振	*三振	二ゴロ
11日	●アストロズ	1−5	2番／投手	二ゴロ	*三振	右安打	三振
12日	●アストロズ	1−9	2番／DH	*三振	左邪	*三振	二ゴロ
13日	なし						
14日	●レッドソックス	3−4	2番／DH	左二塁打	*三振	左HR	*三振
15日	●レッドソックス	0−9	2番／DH	左安打	*三振	三振	*三振
16日	○レッドソックス	6−5	2番／DH	二ゴロ	*三振	三失	右飛
17日	○インディアンス	7−4	2番／DH	四球	右HR	四球	三振
18日	●インディアンス	5−6	2番／DH	中HR	中安打	敬遠	遊ゴロ
19日	●インディアンス	2−3	2番／投手	三直	中直	三安打	
20日	○ツインズ	7−1	欠場				
20日	●ツインズ	3−6	2番／DH	*三振	*三振	*三振	
21日	●アスレチックス	4−8	2番／DH	中飛	三飛	*三振	四球
22日	●アスレチックス	2−6	2番／DH	*三振	*三振	右二塁打	中三塁打
23日	○アスレチックス	6−5	代打	右犠飛			
24日	なし						
25日	○レンジャーズ	11−5	2番／DH	四球	*三振	右HR	四球
26日	○レンジャーズ	9−8	2番／DH	遊ゴロ	*三振	四球	二安打

*三振=空振り三振

第5打席	第6打席	通算打率	安打／打数	本塁打	打点	
		0.266	177打数47安打			
		0.266	177打数47安打			註:インハイ攻めで乱闘寸前も他人事のように薄ら笑い
三邪		0.269	182打数49安打		2	
三直		0.263	186打数49安打			
		0.263	186打数49安打			

◇5月.245、本塁打7、打点21

		0.258	190打数49安打			
		0.255	192打数49安打			
左二塁打		0.259	197打数51安打	16号	2	
四球		0.256	199打数51安打			
		0.255	200打数51安打			
		0.261	203打数53安打	17号	2	註:自己最長の143m弾
		0.262	206打数54安打			
		0.267	210打数56安打		1	
		0.27	211打数57安打			
		0.269	212打数57安打			
二ゴロ		0.267	217打数58安打			
		0.267	221打数59安打	18号	1	
		0.271	225打数61安打	19号	1	
		0.27	226打数61安打			
左中HR		0.273	231打数63安打	20、21号	3	
左飛		0.272	235打数64安打	22号	2	
四球		0.272	239打数65安打	23号	2	
		0.269	242打数65安打			
		0.265	245打数65安打			

日付	対戦相手		打順／位置	第1打席	第2打席	第3打席	第4打席
5月27日	●アスレチックス	0−5	2番／DH	三振	四球	左飛	右飛
28日	●アスレチックス	1−3	投手専任				
29日	○アスレチックス	4−0	2番／DH	左飛	＊三振	左安打	中安打
30日	○アスレチックス	4−2	2番／DH	一失	三振	二ゴロ	四球
31日	●ジャイアンツ	1−6	代打	四球			

◇30試合／12勝18敗
ここまでの成績／24勝30敗

6月1日	○ジャイアンツ	8−1	欠場				
2日	なし						
3日	●マリナーズ	2−6	2番／DH	＊三振	＊三振	＊三振	中飛
4日	○マリナーズ	3−2	2番／投手	遊ゴロ併	四球	遊ゴロ	
5日	○マリナーズ	12−5	2番／DH	中HR	＊三振	＊三振	右直
6日	●マリナーズ	5−9	2番／DH	四球	敬遠	＊三振	＊三振
7日	○ロイヤルズ	8−3	2番／DH	四球	四球	一ゴロ	四球
8日	○ロイヤルズ	8−1	2番／DH	右HR	右二塁打	＊三振	四球
9日	○ロイヤルズ	6−1	2番／DH	右直	左安打	四球	＊三振
10日	なし						
11日	○ダイヤモンバックス	6−5	2番／投手	一ゴロ	右二塁打	投ゴロ	右二塁打
12日	○ダイヤモンバックス	8−7	代打	右安打			
13日	○ダイヤモンバックス	10−3	代打	＊三振			
14日	●アスレチックス	5−8	2番／DH	三振	右安打	二ゴロ	遊ゴロ
15日	●アスレチックス	4−6	2番／DH	二ゴロ	一ゴロ併	＊三振	右HR
16日	●アスレチックス	4−8	2番／DH	遊ゴロ	右HR	投安打	二ゴロ
17日	○タイガース	7−5	2番／投手	四球	一ゴロ	四球	
18日	○タイガース	11−3	2番／DH	＊三振	中飛	右中HR	＊三振
19日	○タイガース	8−3	2番／DH	＊三振	左HR	一ゴロ	敬遠
20日	●タイガース	3−5	2番／DH	＊三振	＊三振	中HR	＊三振
21日	なし						
22日	●ジャイアンツ	0−5	2番／DH	四球	＊三振	＊三振	＊三振
23日	●ジャイアンツ	3−9	2番／投手	一ゴロ	＊三振	＊三振	

＊三振＝空振り三振

第5打席	第6打席	通算打率	安打／打数	本塁打	打点
		0.269	249打数67安打	24号	1
		0.27	252打数68安打		1
左HR		0.277	256打数71安打	25号	3
二ゴロ		0.276	261打数72安打	26号	1
一ゴロ		0.278	266打数74安打	27、28号	3
		0.277	267打数74安打		

※初の6月の月間MVP　打率.309、13本塁打、23打点、OPS1.312

四球		0.28	271打数76安打	29、30号	3
右飛		0.278	273打数76安打		
		0.278	277打数77安打	31号	1
二ゴロ		0.277	282打数78安打		
		0.276	286打数79安打		1
		0.279	290打数81安打	32号	1
		0.279	294打数82安打	33号	1
		0.276	297打数82安打		
四球		0.279	301打数84安打		
中安打		0.278	306打数85安打		2
*三振		0.273	311打数85安打		
中HR		0.277	314打数87安打	34号	2
		0.277	318打数88安打		
		0.274	321打数88安打		

※降板後ライトへ

日付	対戦相手		打順／位置	第1打席	第2打席	第3打席	第4打席
6月24日	なし						
25日	●レイズ	3−4	1番／DH	右HR	一安打	＊三振	左飛
26日	●レイズ	3−13	1番／DH	二ゴロ	右二塁打	捕邪	四球
27日	○レイズ	6−4	2番／DH	＊三振	四球	右二塁打	右三塁打
28日	○ヤンキース	5−3	2番／DH	右HR	中飛	＊三振	三振
29日	●ヤンキース	5−11	2番／DH	右飛	右HR	右HR	中飛
30日	○ヤンキース	11−8	1番／投手	中飛			

26試合／15勝11敗
ここまでの成績／39勝41敗

日付	対戦相手		打順／位置	第1打席	第2打席	第3打席	第4打席
7月1日	中止						
2日	○オリオールズ	8−7	2番／DH	二飛	右HR	左HR	二ゴロ
3日	○オリオールズ	4−1	2番／DH	四球	敬遠	二ゴロ	敬遠
4日	○オリオールズ	6−5	2番／DH	＊三振	中HR	＊三振	中飛
5日	●レッドソックス	4−5	2番／DH	＊三振	遊ゴロ	左安打	左飛
6日	○レッドソックス	5−3	2番／投手	右二塁打	三振	三飛	＊三振
7日	○レッドソックス	5−4	2番／DH	左安打	＊三振	右HR	三振
8日	なし						
9日	●マリナーズ	3−7	2番／DH	二ゴロ	＊三振	右HR	二ゴロ
10日	●マリナーズ	0−2	2番／DH	四球	左飛	三振	＊三振
11日	○マリナーズ	7−1	2番／DH	右二塁打	＊三振	左飛	一安打
12日	なし						
13日	なし						
14日	なし						
15日	なし						
16日	●マリナーズ	5−6	2番／DH	左飛	右飛	＊三振	＊三振
17日	○マリナーズ	9−4	2番／DH	遊飛	三振	＊三振	＊三振
18日	●マリナーズ	4−7	2番／DH	＊三振	四球	四球	一安打
19日	●アスレチックス	1−4	2番／投手	中飛	中二塁打	＊三振	三飛
20日	●アスレチックス	0−6	2番／DH	四球	＊三振	＊三振	＊三振
21日	なし						

＊三振＝空振り三振

第5打席	第6打席	通算打率	安打／打数	本塁打	打点
		0.271	325打数88安打		
		0.274	329打数90安打		
		0.277	332打数92安打	35号	1
		0.277	336打数93安打		1
＊三振		0.276	340打数94安打	36号	2
四球		0.28	343打数96安打	37号	3
		0.279	344打数96安打		
		0.279	348打数97安打		
		0.278	352打数98安打		1

※日本人初の2ケ月連続月間MVP　打率.282、9本塁打、19打点、OPS1.067

		0.275	356打数98安打		
		0.272	360打数98安打		
二ゴロ		0.274	365打数100安打		
		0.272	368打数100安打		
右飛		0.27	371打数100安打		
		0.27	371打数100安打		
		0.269	372打数100安打		
		0.269	372打数100安打		
		0.267	375打数100安打		
		0.266	379打数101安打		
		0.267	382打数102安打	38号	2
		0.268	385打数103安打		
		0.267	389打数104安打		1
左直		0.269	394打数106安打	39号	1
		0.271	398打数108安打		
		0.269	402打数108安打		
三振	四球	0.269	405打数109安打		

日付	対戦相手		打順／位置	第1打席	第2打席	第3打席	第4打席
7月22日	○ツインズ	3−2	2番／DH	*三振	二ゴロ	*三振	*三振
23日	●ツインズ	4−5	欠場				
24日	○ツインズ	2−1	2番／DH	右二塁打	*三振	遊ゴロ	右二塁打
25日	○ツインズ	6−2	2番／DH	二安打	*三振	右HR	敬遠
26日	○ロッキーズ	6−2	2番／投手	右安打	*三振	二ゴロ	*三振
27日	●ロッキーズ	3−12	2番／DH	一直	*三振	右HR	四球
28日	○ロッキーズ	8−7	2番／DH	右安打	四球	右HR	*三振
29日	●アスレチックス	0−4	2番／DH	三振	四球	四球	四球
30日	●アスレチックス	0−2	2番／DH	*三振	二ゴロ	中安打	三ゴロ
31日	○アスレチックス	1−0	2番／DH	*三振	二塁打	*三振	*三振

24試合／13勝11敗

ここまでの通算／52勝52敗

8月1日	●アスレチックス	3−8	2番／DH	左飛	中飛	二ゴロ併	二ゴロ併
2日	●レンジャーズ	1−4	2番／DH	遊直	*三振	二ゴロ	三振
3日	○レンジャーズ	11−3	2番／DH	左邪	*三振	右二塁打	二安打
4日	○レンジャーズ	2−1	2番／投手	三振	一ゴロ	右飛	
5日	○レンジャーズ	5−0	2番／DH	*三振	四球	四球	*三振
6日	○ドジャース	4−3	代打	敬遠			
7日	●ドジャース	3−5	代打	*三振			
8日	●ドジャース	2−8	代打	四球			
9日	休み						
10日	○ブルージェイズ	6−3	1番／DH	二失	三振	右飛	敬遠
	●ブルージェイズ	0−4	1番／DH	右三塁打	三ゴロ	三振	*三振
11日	●レンジャーズ	2−10	1番／DH	右飛	中HR	*三振	四球
12日	○ブルージェイズ	6−3	1番／投手	中二塁打	四球	中飛	三振
13日	●アストロズ	1−4	1番／DH	遊直	右飛	*三振	三安打
14日	●アストロズ	2−8	1番／DH	右HR	中安打	*三振	中飛
15日	○アストロズ	3−1	1番／DH	一安打	*三振	中安打	*三振
16日	●ヤンキース	1−2	1番／DH	*三振	右飛	右飛	三振
17日	○タイガース	8−2	1番／DH	中安打	四球	一ゴロ	敬遠

*三振＝空振り三振

第5打席	第6打席	通算打率	安打／打数	本塁打	打点
		0.269	409打数110安打	40号	1
四球	犠飛	0.272	412打数112安打		1
		0.272	416打数113安打		
		0.269	420打数113安打		
		0.27	422打数114安打		
四球	右安打	0.27	426打数115安打		
		0.267	430打数115安打		
		0.269	432打数116安打	41号	1
		0.266	436打数116安打		
*三振		0.264	440打数116安打		
		0.264	444打数117安打	42号	1
		0.262	446打数117安打		

※本盗

◇8月.202、本塁打5、打点8

		0.26	450打数117安打		
		0.258	454打数117安打		
			458打数119安打	43号	3
*三振		0.258	462打数119安打		
		0.255	466打数119安打		
		0.257	467打数120安打		
		0.257	467打数120安打		
		0.259	468打数121安打	44号	1
四球		0.258	472打数122安打		
		0.259	475打数123安打		
*三振		0.257	479打数123安打		

日付	対戦相手		打順／位置	第1打席	第2打席	第3打席	第4打席
8月18日	○タイガース	3−1	1番／投手	*三振	右飛	二ゴロ	右HR
19日	○タイガース	13−10	1番／DH	右飛	右安打	四球	投安打
20日	●インディアンス	1−9	1番／DH	二ゴロ	右安打	*三振	一失
21日	●インディアンス	1−5	1番／DH	*三振	*三振	*三振	二ゴロ
22日	●インディアンス	0−3	1番／DH	右安打	四球	*三振	四球
23日	休み						
24日	○オリオールズ	14−8	1番／DH	*三振	左飛	四球	*三振
25日	●オリオールズ	6−10	1番／投手	*三振	*三振	一ゴロ	*三振
26日	●オリオールズ	1−13	1番／DH	右HR	四球	中飛	四球
27日	●パドレス	0−5	1番／DH	左飛	二ゴロ	中飛	右飛
28日	○パドレス	10−2	2番／DH	*三振	遊飛	四球	投ゴロ
29日	休み						
30日	○ヤンキース	8−7	2番／DH	三振	三振	右HR	三振
31日	○ヤンキース	6−4	2番／DH	左飛	四球	敬遠	遊飛

29試合／15勝14敗
ここまでの通算／67勝66敗

9月1日	●ヤンキース	1−4	2番／DH	*三振	*三振	*三振	二飛
2日	休み						
3日	○レンジャーズ	3−2	2番／投手	二ゴロ	三ゴロ併	右飛	*三振
4日	○レンジャーズ	4−1	2番／DH	左飛	一ゴロ	右HR	右安打
5日	●レンジャーズ	3−7	2番／DH	一ゴロ	三振	*三振	四球
6日	●レンジャーズ	0−4	2番／DH	左飛	*三振	三振	遊飛
7日	○パドレス	4−0	代打	二安打			
8日	●パドレス	5−8	欠場				
9日	休み						
10日	●アストロズ	5−10	2番／投手	右HR	四球	敬遠	
11日	○アストロズ	4−2	2番／DH	右安打	二ゴロ	右飛	一ゴロ
12日	●アストロズ	1−3	2番／DH	四球	二ゴロ	一ゴロ	右安打
13日	休み						
14日	●ホワイトソックス	3−9	2番／DH	*三振	三振	四球	三ゴロ

*三振=空振り三振

第5打席	第6打席	通算打率	安打／打数	本塁打	打点
＊三振		0.254	484打数123安打		
死球		0.256	488打数125安打		
		0.256	492打数126安打		
		0.258	496打数128安打		
		0.257	498打数128安打		
		0.255	502打数128安打		
		0.257	506打数130安打	45号	1
敬遠	＊三振	0.256	508打数130安打		
		0.255	509打数130安打		
敬遠		0.255	510打数130安打		
＊三振		0.257	513打数132安打		3
		0.258	516打数133安打		
		0.256	519打数133安打		
右安打		0.258	524打数135安打		
左飛		0.259	529打数137安打		1

45·25達成、シーズン100得点も

		0.258	532打数137安打		
		0.257	534打数137安打		
＊三振		0.257	537打数138安打	46号	1

※シーズン100打点を記録

◇9、10月　打率.23、本塁打4、打点10

日付	対戦相手		打順／位置	第1打席	第2打席	第3打席	第4打席
9月15日	○ホワイトソックス	3−2	2番／DH	*三振	一ゴロ	二ゴロ	遊ゴロ
16日	○ホワイトソックス	9−3	3番／DH	二安打	*三振	二安打	*三振
17日	●アスレチックス	4−5	3番／DH	右安打	三飛	左飛	三振
18日	●アスレチックス	1−3	3番／DH	右飛	*三振	左安打	中安打
19日	●アスレチックス	2−3	2番／投手	四球	敬遠	投ゴロ	*三振
20日	●アストロズ	0−10	3番／DH	一ゴロ	遊ゴロ	*三振	中飛
21日	●アストロズ	5−10	2番／DH	中飛	投ゴロ	右安打	右HR
22日	●アストロズ	5−9	3番／DH	四球	四球	一ゴロ	敬遠
23日	○アストロズ	3−2	2番／DH	三振	四球	四球	四球
24日	●マリナーズ	5−6	2番／DH	*三振	敬遠	四球	四球
25日	○マリナーズ	14−1	2番／DH	右三塁打	右三塁打	四球	四球
26日	●マリナーズ	1−5	2番／投手	一ゴロ	中飛	中安打	
27日	休み						
28日	●レンジャーズ	2−5	2番／DH	四球	遊直	*三振	二直
29日	○レンジャーズ	7−2	1番／DH	三振	二ゴロ	一安打	二ゴロ
30日	●レンジャーズ	6−7	2番／DH	右三塁打	三邪	*三振	左二塁打

26試合／9勝17敗
ここまでの通算／76勝83敗

10月1日	○マリナーズ	2−1	2番／DH	中飛	敬遠	二ゴロ	*三振
2日	●マリナーズ	4−6	2番／DH	左飛	二飛	四球	四球
3日	○マリナーズ	7−3	1番／DH	右HR	敬遠	三振	敬遠

3試合／2勝1敗
ここまでの成績／78勝84敗、勝率.481

◆2021年成績　打率.257、本塁打46、打点100、盗塁26、四球96（敬遠20）、三振189、長打率.592、出塁率.372、OPS.965

大谷翔平が2021年にホームランを打った投手の同年成績

（内訳　右腕28人、左腕18人）

1号	リアム・ヘンドリックス（ホワイトソックス） （9、10月の月間最優秀救援投手。8勝3敗38セーブ、防御率2.54）
2号	ディラン・シーズ（ホワイトソックス） （13勝7敗、防御率3.91。21年が初めての2ケタ勝利）
3号	T・J・ゾイク（ブルージェイズ）（0勝2敗、防御率6.60）
4号	＊ダニー・ダフィー（ロイヤルズ） （4勝3敗、防御率2.51。16年に12勝3敗を挙げ、通算68勝）
5号	マイク・フォルタネビッチ（レンジャーズ） （2勝12敗、防御率5.45。17、18年にブレーブスで2ケタ勝利）
6号	＊ケント・エマニュエル（アストロズ）（1勝0敗、防御率2.55）
7号	ルイス・ガルシア（アストロズ） （メジャーで今季初勝利して11勝8敗、防御率3.30）
8号	クリス・フレクセン（マリナーズ） （20年は韓国の斗山でプレーし、21年はリーグ2位の14勝6敗で開花）
9号	タイラー・グラスノー（レイズ） （5勝2敗、防御率2.66。将来のエース級と見込まれる本格派）
10号	＊ジョシュ・フレミング（レイズ） （10勝8敗、防御率5.09。メジャーデビューが20年の若手左腕）
11号	ニック・ピベッタ（レッドソックス） （9勝8敗、防御率4.53。18年にナ・リーグ5位の奪三振率）
12号	マット・バーンズ（レッドソックス） （6勝5敗24セーブ、防御率3.79。奪三振率13.8）
13号	＊サム・ヘンジェズ（インディアンス） （1勝4敗、防御率6.68。メジャーデビューは21年）
14号	ザック・プリーサック（インディアンス） （10勝6敗、防御率4.67。メジャーで2ケタ勝利は21年が初めて）
15号	ブレット・デイゴイス（レンジャーズ） （21年4月にメジャーデビューした新鋭）
16号	＊菊池雄星（マリナーズ） （7勝9敗、防御率4.41。大谷とともに21年のオールスターゲームに出場）
17号	＊クリス・ブービッチ（ロイヤルズ） （6勝7敗、防御率4.43。20年は新人で10試合に登板して1勝）
18号	＊ヘスス・ルザード（アスレチックス） （20年に3勝2敗。98マイルのストレートを打たれる）
19号	＊コール・アービン（アスレチックス） （10勝15敗、防御率4.24。21年が初勝利の若手）
20号	ホゼ・ウリーニャ（タイガース） （4勝8敗、防御率5.81。17年にマーリンズで14勝7敗）

＊は左腕

21号	ジョー・ヒメネス(タイガース) (6勝1敗1セーブ、防御率5.96。19年に9セーブしている)
22号	ウィリー・ペラルタ(タイガース)(4勝5敗、防御率3.07)
23号	ケイシー・マイズ(タイガース) (7勝9敗、防御率3.71。18年ドラフトでは全体の1位指名)
24号	アンドリュー・キトレッジ(レイズ) (9勝3敗8セーブ、防御率1.88。21年がキャリアハイ)
25号	ピート・フェアバンクス(レイズ) (3勝6敗5セーブ、防御率3.59。奪三振率11.8)
26号	マイケル・キング(ヤンキース)(2勝4敗、防御率3.55。シンカーが武器)
27号	ジェイムソン・タイオン(ヤンキース) (8勝6敗、防御率4.30。18年にパイレーツで14勝10敗)
28号	ジェイムソン・タイオン(ヤンキース)
29号	*キーガン・エイキン(オリオールズ)(2勝10敗、防御率6.63)
30号	ディロン・テイト(オリオールズ)(0勝6敗3セーブ、防御率4.39)
31号	トーマス・エシェルマン(オリオールズ)(0勝3敗、防御率7.169
32号	*エデュアルド・ロドリゲス(レッドソックス) (13勝8敗、防御率4.74。19年の19勝はリーグ3位)
33号	*マルコ・ゴンザレス(マリナーズ) (10勝6敗、防御率3.96。18年に13勝、19年に16勝の左腕)
34号	ポール・シーウォルド(マリナーズ) (10勝3敗11セーブ、防御率3.06。62試合に登板して奪三振率14.5)
35号	*ダニー・クーロム(ツインズ)(3勝2敗、防御率3.67)
36号	*オースティン・ゴンバー(ロッキーズ) (9勝9敗、防御率4.53。イニング数と奪三振がほとんど変わらない)
37号	ヘスス・ティノコ(ロッキーズ)
38号	アレック・マノア(ブルージェイズ)(9勝2敗、防御率3.22)
39号	ルイス・ガルシア(アストロズ)(11勝8敗、防御率3.30)
40号	ホゼ・シスネロ(タイガース)(4勝4敗4セーブ、防御率3.65)
41号	*キーガン・エイキン(オリオールズ)
42号	*アンドリュー・ヒーニー(ヤンキース) (8勝9敗、防御率5.83。7月まで大谷とはチームメイトだった)
43号	*コルビー・アラード(レンジャーズ)(3勝12敗、防御率5.41)
44号	*フランバー・バルデス(アストロズ) (11勝6敗、防御率3.14。自身キャリアハイの2ケタ勝利)
45号	クリスチャン・ハビアー(アストロズ) (4勝1敗2セーブ、防御率3.55。将来が嘱望される若手)
46号	*タイラー・アンダーソン(マリナーズ)(7勝11敗、防御率4.53)

ダイナミックなスライディングで小さいリードを補う大谷の盗塁術

大谷を語る人が必ずと言っていいほど触れるのが走塁だ。

「誰よりもハードに打球を飛ばして、誰よりも速いボールを投げる。そして誰よりも速く走る」（マックス・マンシー一塁手／ドジャース）

「オオタニは今、リーグで最高の選手の一人だ。ホームランを打って、盗塁もできる」（サルバドール・ペレス捕手／ロイヤルズ）

「走ることにおいて、まだ過小評価されていると思う。内野ゴロを安打にする走力、盗塁の能力の高さは感動的でさえある」（デービッド・フレッチャー内野手／エンゼルス）

21年の打者走者としての一塁到達平均タイムはメジャーリーグ全体で4位の4・09秒。瞬間速度でなく、ホームラン打者でありながらシーズンの平均タイム4・09秒というのに驚かされる。ＮＨＫＢＳ１の「ワースポ×ＭＬＢ」では、番組中で大谷の走る速度が時速32キロと紹介されていた。メジャーの平均は29・５キロなのでかなり速い。

日本ハム時代の16年に11試合を観戦したときは全力疾走がほとんど見られなかった。シーズンオフの11月12日、侍ジャパンの強化試合・オランダ戦の５回裏に二塁ゴロを打ったときの一塁到達タイムが４・08秒、10回に三塁ゴロを放ったときが３・87秒、これくらいだ。二刀流４年目では走ることに神経が行かなかったのかもしれない。あるいは左ヒザの調子が万全でなかったのかもしれない。

左ヒザの状態が完全になった21年、大谷は走りまくった。26盗塁はリーグ５位で、７月２日のオリオールズ戦では29、30号を連発しただけでなく、９回裏、ジャレッド・ウォルシュのライト前ヒットで二塁から生還。８月31日のヤンキース戦では５回裏、２死一、三塁の場面で一塁走者が二盗を企図、キャッチャーが二塁に送球するのを見て三塁走者の大谷がスタートを切り、間一髪のタイミングで生還した。足が速い、という表現だけでは言い表せられない。最も度肝を抜かされるのはスライディングの激しさだ。

リードはかなり小さい。イチローもテレビ番組でリードが大きいとけん制が気になってスタートが切りづらかったと言っていた。また、リードが大きいとけん制されたときヘッドスライディングで帰塁しなければならない。大谷も頭から帰るときがあるが、多くは足から帰っている。このへんはイチローの精神を受け継いでいるのかもしれない。

リードの小ささをスライディングが補っている。イチローの二塁盗塁を動画で見直すと、スライディングする距離は二塁ベースに近い。平均的と言ってもいい。ところが大谷はベースから遠い。見た感じ、としか言えないが、ときには二塁の塁審が立っているところを目安にして滑り込んでいるように見える。その距離は自分の身長（193センチ）の1・5人分くらい。そこから飛ぶようにスライディングしている。

塁間のスライディングは神業のような技術の高さに見惚れた。サヨナラ生還はキャッチャーのタッチする動きに合わせて体を外に逃がし、ホームスチールはスライディングしながら空きスペースにあるホームベースを左手で探しているようだった。

「フォアボールが増えると、常に走られるんじゃないか、塁に出したら二塁へ行かれてしまうんじゃないかというプレッシャーがあるだけで、自分の打席を守れる」

これは雑誌のインタビューで語っていることである。相手バッテリーの四球攻めに対する防衛論と言ってもいい。「フォアボールもツーベースになると思わせれば、ピッチャーも勝負しようと思うかもしれません」と続いていく。

大谷のプレーを見ていると自然と笑みが洩れてくる

ストップウォッチによる計測は現場でしかやらないというのが私の主義である。第2章で紹介した高校球児の各塁到達タイムはすべて現場の球場で計測したものだ。高校球児のタイムはキャッチャーの二塁送球タイムも含めて年々速さを増していて、野球の進化を実感できる。ただ、メジャーリーグで行われた大谷の試合は現場で見ていないので、テレビ画面やPC画面で計測せざるを得ない。最初から身構えて計測しようとしているわけではない。あんまり速いので、計測したくなって自然とストップウォッチに手が届いてしまうのだ。そのタイムを、あくまでも参考資料として紹介したい。

二塁盗塁のときの動き出しからベースタッチまでの速さは、マリナーズ戦のある試合で3・20秒、アストロズ戦で3・31秒だった。重ねて断っておくが、これは編集された可能性のあるテレビ画面で計測したものである。少しでもいいから客観性のある数字を出して大谷の俊足を表現してみたかった。

大谷のプレーを見ていると、いつも笑みが洩れてしまう。特大のホームランを打てばあまりの凄さにタガが外れたようになって笑いが止められなくなり、極端に右に寄ったシフトの裏をかいて三塁線にバント安打したときはその小ずるさに笑いが洩れ、センター前へのぼてぼてのヒットを二塁打にしてしまったときは、そのスポーツ感に酔って笑いが洩れてしまう。

大谷のプレーは見ていて楽しい。イチローや松井秀喜のときは日本人選手の凄さを見せてやってくれ

5／3	レイズ戦	第2打席	二塁打	7・47秒
5／22	アスレチックス戦	第3打席	二塁打	7・55秒
		第4打席	三塁打	11・07秒
6／16	アスレチックス戦	第3打席	バント安打	3・65秒
25	レイズ戦	第2打席	バント安打	3・64秒
9／25	マリナーズ戦	第1打席	三塁打	11・16秒
		第2打席	三塁打	11・15秒

と思ったのかこちらも力が入ったが、そういう力みが大谷のときはない。私より8歳年上の母方の従姉は大谷が可愛くて仕方ないと言う。写真があったら送ってくれと言うが、ＮＨＫのＢＳ放送では21年の暮れから22年のシーズン前までこれでもかというくらい大谷の特集が組まれるはずなのでそれを見たらいいと言ってやった。私の妻も大谷の大ファンだ。

新型コロナウイルスの影響で経済活動が制限され、例年なら３００万人以上の観客を動員する巨人は81万２６１２人、阪神は74万９４３３人だった（20年は巨人＝49万２５２６人、阪神＝51万７９４４人）。甲子園大会は春のセンバツ大会は有観客だったが入場者が制限され、決勝の東海大相模高対明豊高戦の観客数はわずか８５００人。夏の選手権は無観客で行われ、台風と低気圧にも見舞われ、私はウイークリーマンションの延泊を2度申し入れねばならなかった。そういう沈滞した日本中の空気を大谷はかなり救ってくれた。

雑誌『ニューズウィーク日本版』のコラムニスト、グレン・カールは「２０２１年10・12号」で「大谷翔平を見ていると私は10歳の頃に戻れる」と書いている。

「わが愛するボストン・レッドソックスの名投手ロジャー・クレメンスでさえ、筋肉増強剤を用いていたという。何度もサイ・ヤング賞を受賞したが、それも製薬会社のおかげだったか。ああ、世の中はアンチヒーローばかりだ。そう嘆く日々が続いていたところに、大谷翔平が現れた」

カール氏はさらに続ける。

「彼が日本人かどうかは、彼が右投げ左打ちか、左投げ右打ちかという程度の問題でしかない。今のアメリカ人はそう思っている。イチローがアメリカにやって来た頃と比べたら、今のアメリカははるかに多様性に富み、懐が深くなっている。その変化の重さを、日本人の大谷が華麗に体現している」

そして最後のほうでは「この60年で、私の子供時代のヒーローたちは死んでしまった。しかし今は大谷翔平がいて、全身で『ヒーローここにあり』と叫んでいる。そうだ、私に素敵な夢を見させてくれたアメリカの神話はまだ生きている。ヒーローは健在なのだ」と締めくくっている。私も同じ言葉で大谷に感謝したい。

第4章

剛腕の覚醒

──トミー・ジョン手術と左ヒザ手術を乗り越え、剛腕ふたたび

NFLやNBAのスーパースターといったプロスポーツ界の異業種が夢中になる大谷翔平の二刀流

2021年の大谷翔平は大げさに言えば世界中から注目を集めた。NFL（ナショナル・フットボール・リーグ）のJ・J・ワットというスター選手は大谷が13号ホームランを打ったあと、ツイッターにこんなことをつぶやいている。

It feels like a lot of people are talking about Shohei Ohtani but still nowhere near enough people are talking about Shohei Ohtani.
What he's doing in baseball is insane.

「確かにショーヘイ・オータニの話題はたくさん聞くけど、彼のすごさはまだまだ伝わっていない気がする。彼が野球でやっていることって、ホントにめちゃくちゃすごい」

（NFL JAPANのツイッターより）

NBA（プロバスケットボールリーグ）のケビン・デュラントというスター選手も5月、ツイッターに「別の生き物だね」と大谷への驚きをつづり、ヤンキースタジアムで行われた6月28日のエンゼルス対ヤンキース戦に足を運んでいる。

そのNBAのグリズリーズ対トレイルブレイザーズの公式戦の中継ではアナリストが、スポーツ界における必見の選手として大谷翔平の名を挙げた。

「ベーブ・ルース以来、お目にかかることができなかった。46本塁打、100打点。おお、投手でしたね。9勝2敗で防御率は3・18。打って、投げて全てをやってのけたんです。見ていて楽しかった」

（ニュースサイト「THE ANSWER」より）

彼らの驚きはもちろん二刀流にある。まったく異なるバッティングとピッチングをいとも簡単そうにこなして一流の結果を残す、その姿に感嘆し、称賛せずにいられないのだ。

ピッチングの評価は6月30日のヤンキース戦を境にして、その前後で随分変わる。シーズン与四死球54のうちヤンキース戦までの12試合で与えた四死球は41、7月6日のレッドソックス戦以降の11試合では13だった。

渡米前、大谷のピッチングが一番よく見えたのは日本ハムを優勝・日本一に導いた16年。このときはステップ幅が広く、その出し方も粘っこく、グーンと左足が前に伸びたあと少し遅れて上半身が追いかけて腕を振る。その投球フォームがメジャーリーグのマウンドでは見られなくなった。ステップ幅が狭く、その出し方も恐る恐るという感じでどこか自信なさげに見えた。

雑誌のインタビューではみずから、「メジャーリーグの滑るボールと高くて固いマウンドとの相性がよくない」と語っている。

「日本のようにしっかりとしたグリップ力のあるボールだったり、低くて柔らかい甲子園のマウンドなら技術との折り合いは難しくありません。踏み込んだ足に対して腕が遅れたとしても時間的な猶予があるので、スパイクで調整できますし、ミスをカバーする動作に負担がかかりませんから、ミスが大きなケガにつながらないんです」

アメリカのマウンドは固いので一度ステップすると、そのあとの微調整がきかない、と解釈すればいいのだろうか。その滑るボールと固いマウンドの壁を超えるためには「再現性のある動きをしなければいけない」と言う。さらに、バッターをやりながらマウンドに上がるためには1球で仕留めるボールを増やさなければいけないと考え、それまでにも投げていたカットボールの精度を高めようと考えた。

通算541本塁打のスラッガーとサイ・ヤング賞3度受賞の剛腕 二人のレジェンドが語るコンディション作りの難しさ

21年の初登板は4月4日のホワイトソックス戦である。3点リードした5回表、味方内野陣のエラーや振り逃げが重なって4回3分の2の場面で降板したことは前で詳述したので繰り返さない。いずれにしても、前途は多難だなと思った。ちなみに、4月1日の開幕戦から5月31日のジャイアンツ戦までの2カ月間、大谷は1日も欠場していない。前年までは登板する前日と翌日は欠場してコンディションを整えていたが、そのスタイルが21年は大きく変わった。

レッドソックスなどで541本塁打を放ったデビッド・オルティスは、メジャーリーガー野手の基本的なルーティンを次のように語っている。

「最初にフィールドで調整した後、トレーナー室でケアをして、ジム、打撃ゲージ、最後にフィールド練習、これにプラスして対戦カードごとにミーティングがあるんだけど、野手と投手は別の部屋でやるんだ。それを考えたら、オオタニはマジであり得ないよ。（中略）本当にミッション・インポッシブルの世界だよ」

サイ・ヤング賞を3回受賞し、21年まで通算190勝を挙げているマックス・シャーザー（ドジャース）も、「投手を務めるために求められる肉体的な水準は、控えめに言ってもかなり厳しいものだ。その負担をこなした上で、あれだけ打つなんて本当に信じられないよ」と語っている（ともに『スラッガー11月号増刊』より）。

二刀流がどれだけ大変か2人のコメントを見れば理解できるが、その大変さが大谷の発言からはリアルに伝わってこない。インタビューで二刀流のフル稼働を可能にするのは、と聞かれると「体調じゃないですかね」とあっさり答え、19年9月に左ヒザを手術したあとの状態を「今、一番いい」と言う。初登板の試合では第3打席でライト前にヒットを放ち、そのあとに楽々と盗塁を決めている。

「自分で打ったほうが、得点が入ったときにもっとアグレッシブにマウンドでも攻めていけるかなと。守りに入ることなく、常にマウンドでもいける」

この発言もあっさりと聞こえる。ジョー・マドン監督は歴代1位の2632試合連続出場のカル・リプケン（オリオールズ）の偉業を、野球を楽しんでいて疲れを感じなかったからできたと言い、大谷の才能もそれと同じだと言う。

「二刀流で休みなく出場していることは義務じゃなく彼がやりたいこと」

こういう監督に巡りあえたことは大谷にとってラッキーだった。

大谷からホームランを打っているのは下位打線さらに要注意は長距離タイプではない左打者

投手・大谷の真骨頂は21年後半戦に発揮された。6月30日のヤンキース戦を境にして、その前後で評価が随分変わることを与四球の数で検証したが、今度は総合成績でくらべてみよう。

前半戦　12試合、60回、被安打41、与四死球41、奪三振83、防御率3・60
後半戦　11試合、70・1回、被安打57、与四死球13、奪三振73、防御率2・82

後半戦のほうが1試合少ないのにイニング数は10回以上増え、球数は1試合・9イニングに換算すると前半が146球、後半戦が135球に減っている。当然、与四球率は前半戦が5・3個、後半戦が1・2個と激減している。

6回3失点を目安にしたクオリティスタートは前半の5試合に対して、後半は9試合に増えている。変化の原因は、大谷自身、相性がよくないと言っていた滑るボールと固くて高いマウンドに慣れたことが一番だろう。20年まではステップする動きが弱々しく、置きに行くような腕の振りだったのが、21年はステップに力強さが戻り、腕の振りも強くなった。

前半と後半での変化を見くらべたとき、注目されるのは奪三振が減ったことだ。メディアは奪三振をプラス要因と評価しがちだが、三振を取るには最低3球投げなければならない。逆に考えれば打者を1球で凡退できれば、1試合27球で終わらせる可能性だってある。

1球で打者を打ち取るには変化球が有効だが、変化球は諸刃の剣でもある。21年は15本のホームランを打たれたが、そのうち7本が変化球を打たれたもの。内訳はカットボール1、カーブ1、スライダー5である。

　また、ホームランにされたストレートは回転数が少なかった。大谷のストレートの回転数は、メジャー１年目の18年は平均２１６４回転だったが、４月４日のホワイトソックス戦では平均２４４９回転と言われている。21年にホームランを打たれたストレートは、というとそこまで達していなかった（以下の球速と回転数はMLB.JPを参照）。

　ここで紹介した２０００回転未満のストレートは、すべて球速が93マイル以下である。全体を見れば、６番以下の下位打線に打たれたホームランは15本中８本。楽にカウントを取りに行ったのだろ

日付	大谷からホームランを打った選手と球団		大谷の球速（カッコ内は回転数）
5／11	カイル・タッカー	（アストロズ）	154・5キロ（2255回転）
19	ジュイク・バウアーズ	（インディアンス）	146・4キロ（2093回転）
6／ 4	J・P・クロフォード	（マリナーズ）	148・0キロ（2241回転）
8／25	セドリック・マリンズ	（オリオールズ）	149・6キロ（1923回転）
	アンソニー・サンタンダー	（オリオールズ）	149・6キロ（2158回転）
	D・J・スチュアート	（オリオールズ）	151・2キロ（1727回転）
9／ 3	ジェイソン・マーティン	（レンジャーズ）	154・5キロ（1852回転）
9／19	マット・チャップマン	（アスレチックス）	152・9キロ（2059回転）

うか。1〜9番までホームランを打つ選手が揃っているのがメジャーリーグである。来季以降2ケタ勝利を挙げるためには下位打線が相手でも細心の注意を払わなければいけないと、これらのことは教えているようだ。

さらに注意を要するのが左打者の一発。21年の被本塁打15本のうち、12本は左打者に打たれたものである。日本ハム時代も長谷川勇也（当時ソフトバンク）、中村晃（ソフトバンク）、銀次（楽天）、鈴木大地（当時ロッテ）を苦手にしていたが、どの選手も長距離タイプではなかった。ここに挙げたメジャーの左打者12人も20本塁打以上打っているのはタッカーとマリンズだけで、ほとんどは20本以下の選手ばかり。1球で仕留めるためにはスピード差だけでない、細心の注意が必要ということだろう。

大谷翔平　2021年ピッチング全成績

日付	対戦相手	勝敗	イニング数	球数	被安打	奪三振	与四死球	自責点	防御率
4月4日	ホワイトソックス		4回2/3	92	2	7	5	1	1.93
20日	レンジャース		4回	80	1	7	7	0	1.04
26日	レンジャース	○	5回	75	3	9	3	4	3.29
5月5日	レイズ		5回	84	1	7	6	0	2.41
11日	アストロズ		7回	88	4	10	1	1	2.1
19日	インディアンス		4回2/3	72	5	5	2	2	2.37
28日	アスレチックス	●	6回	93	3	5	5	3	2.72
6月4日	マリナーズ	○	6回	76	4	10	0	2	2.76
11日	ダイヤモンドバックス		5回	86	5	8	3	2	2.85
17日	タイガース	○	6回	78	5	5	2	1	2.7
23日	ジャイアンツ		6回	105	6	9	2	1	2.58
30日	ヤンキース		0回2/3	41	2	1	5	7	3.6
7月6日	レッドソックス	○	7回	89	5	4	0	2	3.49
19日	アスレチックス		6回	96	3	8	1	0	3.21
26日	ロッキーズ	○	7回	99	5	5	1	1	3.04
8月4日	レンジャース	○	6回	86	4	6	0	1	2.93
12日	ブルージェイズ	○	6回	99	3	6	3	2	2.93
18日	タイガース	○	8回	90	6	8	0	1	2.79
25日	オリオールズ		5回	84	5	7	0	4	3
9月3日	レンジャース	○	7回	117	7	8	2	2	2.97
10日	アストロズ	●	3回1/3	77	9	1	1	6	3.36
19日	アスレチックス		8回	108	5	10	3	2	3.28
26日	マリナーズ		7回	112	5	10	1	1	3.18
◇合計		9勝2敗	130回1/3		98	156	44:与四球 10:与死球	46	3.18

被安打率	6.77
奪三振率	10.77
与四球率	3.73

チームトップの与死球10は積極的に内角を攻めた証

与死球が多いのはプラス要因ととらえている。たとえば、21年のパ・リーグは石川柊太（ソフトバンク）17、今井達也（西武）11、宮城大弥（オリックス）9、小島和哉（ロッテ）6、田中将大（楽天）6、伊藤大海（日本ハム）6が各球団の最多数だった。田中以外は新戦力として21年に躍進したピッチャーばかりだ。

セ・リーグは九里亜蓮（広島）8、菅野智之（巨人）7、高橋奎二（ヤクルト）6、ロドリゲス（中日）5、ロメロ、シャッケルフォード（DeNA）、西勇輝、藤浪晋太郎（ともに阪神）4が各球団のトップである。勢いがあるのは下位球団より上位球団、さらにセよりパのほうが内角攻めに熱心なのがわかる。

死球の多さは内角を積極的に攻めている証である。2ケタ勝利がかかった21年最後の

3戦、大谷はすべての試合で死球を1つずつ与えている。9月19日のアスレチックス戦では2点リードされた8回表の1死一、二塁の場面でマーク・カナにぶつけている。イニングと点差を見れば勝負をかけた内角勝負だったことがわかる。この選手には5月28日にもぶつけていて、両軍選手がベンチから出てきて不穏な空気を漂わせたことがある。内角を攻めづらい相手にもかかわらず勝負に行ったところに大谷の成長と、勝負師の素養が感じられる。

最終登板となった9月26日のマリナーズ戦では1点リードした6回表、好打者のタイ・フランスにぶつけている。このあとカイル・シーガーにレフト前ヒットを打たれピンチを広げたものの、後続を空振りの三振、センターフライに打ち取って無失点に抑えている。無失点のまま突入した7回に同点ホームランを打たれ、この回限りで降板しているが、7回1失点は十分評価ができる。

シーズン後、プレーオフに出られないフラストレーションがあるかと聞かれ、「もっともっと楽しいというか、ヒリヒリするような9月を過ごしたい」と勝利への渇望感を露わにしたのは、自分に勝ち星がつかない苛立ちより、上位争いができないディフェンス陣の甘さや得点力の低さのためだろう。

19日のアスレチックス戦は内角攻めとは別に、勝利に対する執念が見えた。8回を投げ切り、球数は108球に達し（一番多かったのは最終戦の112球）、この108球のうち半分以上の57球がスプリットだった。初球から投げることもあるが、追い込んでから三振を取りに行くのが大谷のスプリット。それを惜しげもなくカウントを取りに行くときにも投げていた。この時期の勝負への執念がよく見える。

指名打者とピッチングでベストナインの夢

21年の投手成績は23試合に登板して9勝2敗、防御率3・18。投球イニングは130回3分の1なので、あと31回3分の2を投げれば規定投球回に達し、投手成績（防御率）の3位に入った可能性がある。ヤンキース戦を境にした後半戦の防御率が2・82だったのでその可能性は十分にあった。

勝ち星も投球内容を見ればもっと増えていてもおかしくない。過去3年間を振り返れば9勝2敗は確かに上々である。しかし、堂々としたマウンド上のしぐさや、ストレートの強さ、変化球のキレ、そして後半戦に見せたコントロールの安定感を見れば、2ケタ勝っていないのは腑に落ちない。

4月4日のホワイトソックス戦は前にも書いたように、味方野手陣のエラーが重なって5回途中で降板した。当然ここは勝ちが付いてもおかしくない。5月11日のアストロズ戦は5回に許したタッカーのホームランだけで1点に抑えるが、味方打線の得点は8回裏に放ったテーラー・ウォードのホームランだけ。大谷が降板した8回裏にリリーフが4失点を重ね、1対5で大敗した。

6月11日のダイヤモンドバックス戦は5回2失点で降板し、勝ち投手の権利を残したまま5対4のスコアで最終回に進むが、9回裏に守護神、ライセル・イグレシアスが4番エデュアルド・エスコバルにホームランを打たれ同点に追いつかれてしまう（10回表に勝ち越しを許し敗戦）。

6月23日のジャイアンツ戦は6回投げて被安打6、与四球2、奪三振9、失点1に抑えるが、味方打線の得点も5回裏にルイス・レンヒーフォが放ったホームラン1本だけ。延長13回の激戦の末、3対9で敗戦している。

7月19日のアスレチックス戦は6回、被安打3、与四球1、奪三振8、失点0に抑えるが、チームは無失点に抑えられ、大谷が降板した直後の7回裏に3点取られて敗戦（スコアは1対4）。そして、9月19、26日はそれぞれ8回、7回、投げて、2失点、1失点で勝ち負けがつかなかった。

2021年　エンゼルスの対戦成績

[ア・リーグ東地区]	勝敗	地区順位
レイズ	1勝6敗	1位
レッドソックス	3勝3敗	2位
ヤンキース	4勝3敗	3位
ブルージェイズ	4勝3敗	4位
オリオールズ	4勝2敗	5位

[ア・リーグ中区]	勝敗	地区順位
ホワイトソックス	5勝2敗	1位
インディアンス	1勝5敗	2位
タイガース	6勝1敗	3位
ロイヤルズ	4勝2敗	4位
ツインズ	5勝2敗	5位

[ア・リーグ西区]	勝敗	地区順位
アストロズ	6勝13敗	1位
マリナーズ	8勝11敗	2位
アスレチックス	4勝15敗	3位
レンジャーズ	11勝8敗	5位

[ナ・リーグとの交流戦]	勝敗	地区順位
ジャイアンツ	1勝3敗	ナ西1位
ドジャース	3勝3敗	ナ西2位
パドレス	2勝2敗	ナ西3位
ロッキーズ	2勝1敗	ナ西4位
ダイヤモンドバックス	3勝0敗	ナ西5位

ア・リーグ西地区4位　77勝85敗
勝率.475

註：1、2位との対戦成績　28勝46敗
勝率.378

こうして見ていくと、あと7勝上積みして16勝2敗でシーズンを終えてもおかしくない。ア・リーグの勝利数1位はゲリット・コール（ヤンキース）の16勝8敗（防御率3・23）なので、投手でベストナイン、指名打者でベストナインという日本ハム時代（16年）の奇跡が再現されていてもおかしくなかった。「たら・れば」で本当に申し訳ないのだが、あまりにもあり得た話なので、書かずにいられなかった。

プレーだけではない文字情報でも大谷翔平がテレビ画面を席捲した

ＮＨＫＢＳ１で中継された21年のメジャーリーグは面白かった。大谷のプレーだけではない。放送中に紹介される文字情報が面白かったのだ。

「史上３人目、〝２番ピッチャー〟」（4月4日のホワイトソックス戦）

「１００年ぶり　本塁打ランキングトップの先発投手」（4月26日のレンジャーズ戦）

「１９００年以降初　開幕5試合40奪三振、被安打11以下」（5月11日アストロズ戦）

夏になると、情報はさらにコアになってくる。２番・投手でスタメン出場した7月26日のロッキーズ戦では「ＤＨ制で投手がタイムリーヒット&盗塁」「１００奪三振&15盗塁」という文字情報が画面に紹介された。8月12日にはファンが待ち望んだホームラン王を争うウラジミール・ゲレーロJr.との初対決が訪れ、「本塁打ランキング1位投手VS2番打者」という文字情報が見られた。

結果はレフト前ヒット、空振り三振、フォアボールでゲレーロJr.有利で幕を閉じたが、日本人としては5回表の空振り三振が嬉しかった。この頃、私は甲子園大会の取材で関西にいたのでリアルタイムでのテレビ観戦はできなかったが、MLB.JPの動画で見ると85マイルのスライダーがゲレーロJr.のバットの動きから逃れるように外へ曲がっていた。

「史上初15登板&40本塁打」（8月18日のタイガース戦）

このタイガース戦は8回1失点で8勝目がついた。大阪のスポーツ新聞はスポーツ報知（巨人情報主体）と中日スポーツ（中日情報主体）以外は阪神タイガースの情報が1面を飾るのが当たり前で、私が購入した日刊スポーツも前日DeNAに4対5で負けているにも関わらず佐藤輝明の23号ホームランを称える「田淵超え!!虎新人最多23号　輝反骨弾」の見出しが躍った。

2面も3面も阪神情報が続き、4、5面でようやく夏の甲子園大会がきて、6面に「大谷40号&8勝も衝撃発言」の見出しで、まだ体の状態が100パーセントでないと語る大谷の発言が紹介されている。

「序盤よりも（疲労の）回復だったり、ある程度短いスパンで戻って来ることが多くなっているので、それはいいことだと思いますけど、まだまだ100ではないかなと。リカバリーも含めて、もっともっと気をつけて体調管理をしていく必要があると思います」

ピッチング内容には言及しておらず、「個人的には、まだリハビリの中というか、体的にも上に行けるんじゃないかと思っているので、まだまだ改善するところは、これからもあると思います」という言葉が注意を引くくらい。大谷の発言より、MLB公式サイトの「この地球上で最高のショー」というキャッチのほうが私には面白い。

〝平成の怪物〟松坂大輔が語る大谷翔平
〝ジャパンのエース〟山本由伸が語る大谷翔平

シーズン終盤の2021年10月19日、松坂大輔（西武）が報道陣を前に引退会見を行った。その模様が『週刊ベースボール11・8号』（ベースボール・マガジン社）に完全収録されていて、「（通算170勝を）長くやった割には、思っていたほどの成績を残せなかったと思いますね」や「（松坂世代への思いを聞かれ）自分の名前がつく以上、その世代のトップで投げなければならないと思ってやっていました」という言葉が胸に刺さった。

横浜高校の2年春から見てきた選手で、西武1年目の5月に取材したときは体調が万全でなかったのか苛立った様子を隠さず、殺気立った空気の中でいろいろな話を聞けた。好きな選手を1人挙げろと言われれば、多分「松坂大輔」と答える。20歳前半、西武時代のマウンド上の姿が好きだった。「松坂スマイル」という言葉が新人の頃、流行語のように世間に流れたが、私は怒っている顔のほうが好きだった。

その松坂が呼び水になって、高校卒のダルビッシュ有、田中将大、前田健太、菊池雄星、大谷翔平がプロ入り1、2年目から一軍で活躍した。その流れを作ったのは間違いなく松坂である。

大谷は松坂引退の報を聞き、「目標にされるような投手だったと思うので残念だなと思う気持ちはもちろんありますけど、投げている姿というのは忘れないかなと思います」と労った。松坂はというと、「ナンバー1039」で大谷について言及している。

「とんでもない化け物です。次元が違う。僕も投げないときにDHで試合に出してもらえていたらバッターのほうも一生懸命に練習したかもしれませんけど、でも彼に関してはレベルが違います。他のピッチャーのことをそんなふうに思ったことはないんですけど、彼はピッチャーとしてもバッターとしても、ということですからね。今は彼以上の存在はいないでしょう。あれだけのまっすぐと変化球を投げて、あれだけ遠くへ飛ばして」

この発言の前に、「これまでかなわないと思った相手はいるか」と聞かれ、松坂はしばらく考えてから「いなかったですね。単純に僕より速いボールを投げる人や尊敬している人、すごい人はいましたけど、かなわないと思ったことはない。かなわないという感情イコール負けを認めたことになりますからね」と答えている。その松坂が手放しで大谷を激賞しているのである。

現在のプロ野球界のエースとも言える山本由伸（オリックス）も世界野球ソフトボール連盟（ＷＢＳＣ）のインタビューで大谷の影響力について語っている。

「日本の野球には日本の良さがある。その中で大谷さんがあれだけの活躍をしていると、僕もすごくうれしい気持ちになりますね。大谷さんがメジャーリーグで二刀流で成功というか、打撃も投手もどちらも凄い成績が残っているので、そういう選手が出てくるとまた大きな夢を持てる小学生、中学生も増えてくる」

日本の野球には日本の良さがあるが大谷の活躍が世界にうねりを巻き起こし、日本の子どもたちがその流れに乗って世界の舞台に乗り出していく、というふうに私には読める。

現代野球の源泉のような松坂大輔と、現代野球の最前線で投げる山本由伸が大谷翔平を語り、それを目にすることができるというのは野球を愛する人間にとって至福と言っていい。日本シリーズが終わったら、もっと多くの現役選手が21年の締め括りとして大谷のことを話すだろう。それを早く聞きたい。

大谷翔平投手のカモ&苦手

野球界ではよく「カモ」と「苦手」と言われる。ピッチャーから見てよく抑えている相手バッターを「カモ」、反対によく打たれているバッターを「苦手」と言い、統計本などでは「カモ&苦手」という一覧表で示すこともある。私もそれに倣(なら)って大谷翔平投手の21年度を振り返り、「カモ&苦手」の表を作成した。インターネットサイトの「Sports navi」から大谷翔平投手の対戦成績を検索し、そこから一戦ずつのイニング結果、打者ごとの結果を抜き出してまとめたものである。

日本のプロ野球はセ・パ12球団で構成され、試合数は1年143試合。当然、同じ相手と何回も戦う。対するメジャーリーグは日本のプロ野球より多い1年162試合を戦うが、両リーグ30球団で構成される大所帯なので同じ相手と何回も戦わない。

大谷が21年に最も多く投げたのはレンジャーズの4試合で、以下アスレチックス3試合、アストロズ、マリナーズ、タイガース2試合、ホワイトソックス、レイズ、インディアンス、ダイヤモンドバックス、ジャイアンツ、ヤンキース、レッドソックス、ロッキーズ、オリオールズ各1試合である。10打数以上対戦しているのはレンジャーズのアイザイア・カイナーファレファただ1人なのは仕方ない。

一覧表には2打数しかない選手も入れている。奪三振が多い、被本塁打が多いなど、大谷に対して特徴のある成績を残している選手である。また、来年以降の対戦も見込んで各球団の主力クラスを優先して選んでいるが、打率・233、本塁打13、打点38の準主力、アレックス・ディカーソン（ジャイアンツ）は6月23日の対戦で3打席連続ヒットを打たれているので例外的に入れた。

このカモと苦手を見ると、苦手にくらべてカモに大物が多い。90打点を超えているのはコレア、シーガー、ガルシア、オルソン、ハニガー、ロウの6人で、苦手組はアルバレスしかない。また21年の被ホームラン15本を、ボールカウントも交えて振り返ってみよう。

ホームランは日本でも早いカウントで打たれることが多い。勝負を決めにいく2スト

※=左打者
＊印は両打ち

<苦手>

	選手名	2021年成績	2021年の対大谷翔平
※	アレックス・ディカーソン（ジャイアンツ）	打率.233、本塁打13、打点38	3打数3安打　1.000
＊	アンソニー・サンタンダー（オリオールズ）	打率.241、本塁打18、打点50	2打数2安打1本塁打　1.000
	ホゼ・アルトゥーベ（アストロズ）	打率.278、本塁打31、打点83	6打数4安打　.667
※	セドリク・マリンズ（オリオールズ）	打率.291、本塁打30、打点59	3打数2安打1本塁打　.667
※	ペイビン・スミス（ダイヤモンドバックス）	打率.267、本塁打11、打点49	3打数2安打　.667
※	ヨーダン・アルバレス（アストロズ）	打率.277、本塁打33、打点104	5打数2安打　.400
※	ネイト・ロウ（レンジャーズ）	打率.264、本塁打18、打点72	8打数3安打1本塁打　.375
	マット・チャップマン（アスレチックス）	打率.210、本塁打27、打点72	8打数3安打1本塁　.375
※	J・P・クロフォード（マリナーズ）	打率.273、本塁打 9、打点54	5打数2安打1本塁打　.400
	ジョナサン・スコープ（タイガース）	打率.278、本塁打22、打点84	6打数2安打1本塁打　.333

2021年　大谷翔平投手の主なカモ&苦手

<カモ>

選手名	2021年成績	2021年の対大谷翔平
カルロス・コレア（アストロズ）	打率.279、本塁打26、打点92	5打数1安打　.200
タイ・フランス（マリナーズ）	打率.291、本塁打18、打点73	5打数1安打　.200
※ カイル・シーガー（マリナーズ）	打率.212、本塁打35、打点101	6打数1安打　.167
マーク・カナ（アスレチックス）	打率.231、本塁打17、打点61	7打数1安打　.143
アドリア・ガルシア（レンジャーズ）	打率.243. 本塁打31、打点90	7打数1安打　.143
※ マット・オルソン（アスレチックス）	打率.271、本塁打39、打点111	7打数1安打　.143
ミッチ・ハニガー（マリナーズ）	打率.253、本塁打39、打点100	6打数0安打　.000
ユリ・グリエル（アストロズ）	打率.319、本塁打15、打点81	3打数0安打2三振　.000
ライアン・マウントキャッスル（オリオールズ）	打率.255、本塁打33、打点89	3打数0安打2三振　.000
※ ブランドン・ロウ（レイズ）	打率.247、本塁打39、打点99	2打数0安打2三振　.000

2021年　大谷翔平投手が打たれたホームラン

日付	選手名	球団名	ボールカウント
4／26	ネイト・ロウ	レンジャース	1−0
5／11	カイル・タッカー	アストロズ	2−1
5／19	ジェイク・バウアーズ	インディアンス	1−0
6／ 4	JP・クロフォード	マリナーズ	1−0
6／17	ジョナサン・スコープ	タイガース	2−1
6／23	マイク・ヤストレムスキー	ジャイアンツ	1−1
7／26	ドム・ヌニェス	ロッキーズ	3−2
8／18	ウィリー・カストロ	タイガース	0−0
8／25	セドリク・マリンズ	オリオールズ	0−0
	アンソニー・サンタンダー	オリオールズ	1−0
	DJ・スチュアート	オリオールズ	0−0
9／ 3	ジェイソン・マーティン	レンジャース	0−0
9／19	ヤン・ゴームズ	アスレチックス	1−2
	マット・チャップマン	アスレチックス	0−0
9／26	ジャレッド・ケルニック	マリナーズ	1−1

雑誌『スラッガー11月号増刊』より

ライク後やフォアボールの恐れがある3ボールのときほど際どいコースを突くことが少ないからだ。21年の大谷も例外ではなく、被ホームラン15本のうち初球を打たれたのが5本あり、1ボール後が4本だった。ボールの入り方はピッチャーの永遠のテーマと言っていいが、大谷ほどの素質でもそういう部分の苦労は変わらない。ストレート、スプリット、スライダー、カットボール、カーブを交えながら高低、内外を使っていかにカウントを作るか、22年の課題と言っていい。

年表　大谷翔平　メジャーリーグでのあゆみ

2018年

［3・4月］

29日	3月29日の開幕カード、アスレチックス戦で初打席の初球をライト前にヒットを放つ
1日	4月1日のアスレチックス戦でメジャー初登板、6回3失点で初勝利
3日	インディアンス戦で1回裏、ジョシュ・トムリンのカーブをライトスタンドにメジャー1号を放つ。戻ったベンチでサイレント・トリートメント（味方選手がベンチ内で無視する）の洗礼を受ける
4日	インディアンス戦で前年のサイヤング賞投手、コール・クルーバーから2試合連発のホームラン。アレックス・ロドリゲス（元ヤンキースなど）はFOXスポーツに出演し、「メジャーが高校レベルに見えてしまう。メジャーで打つこと、そしていい投球をすることがどれくらい難しいか、視聴者に分かってほしい。このような選手は見たことがない」
6日	アスレチックス戦で3試合連続の3号
8日	アスレチックス戦に先発、7回1死までパーフェクトに抑える。7回1死、マーカス・セミエン（21年に45本塁打）にヒットを打たれるが、7回を無失点に抑え2勝目
9日	週間MVPに選出される
24日	アストロズ戦に先発、前年MVPのホゼ・アルトゥーベから2三振を奪い3勝目
27日	ヤンキース戦でルイス・セベリーノ（この年19勝8敗）の97マイルストレートをライトスタンドに4号。ヤンキースの主砲、アーロン・ジャッジは「めったに見られるもんじゃないよ」と語る

［5月］

2日	レイズを6回、2失点に抑え3勝
6日	マリナーズ戦に先発、6回、1失点で4勝
10日	ツインズ戦でトレバー・ヒルデンバーガーのツーシームをセンター左へ5号
17日	レイズ戦でブルイットのストレートをセンター越えの6号

［6月］

8日	右ヒジ靭帯の損傷で故障者リスト入り

［7月］

3日	打者で復帰
8日	ドジャース戦で同点の7回裏に代打で出場、J・T・シャギワ（20年に楽天）からセンター越えの決勝7号
23日	ホワイトソックス戦でルーカス・ジオリトから8号
25日	ホワイトソックス戦でジェームズ・シールズから2ラン

[8月]

3日	インディアンス戦で10、11号連発
7日	タイガース戦で逆方向に12号3ラン
25日	アストロズ戦で打率1割台に抑えられていたサイ・ヤング賞投手のジャスティン・バーランダーからセンター越えの14号2ランを放つ
27日	ロッキーズ戦で15号3ラン

[9月]

2日	投手で復帰
4日	レンジャーズ戦で左腕、マイナーからライトスタンドに16号。メジャーリーグでは左腕から初ホームラン
5日	トミージョン手術を受けることを発表。同日、レンジャーズ戦で17、18号連発。松井秀喜(当時ヤンキース)のメジャー1年目の16号を超える
7日	ホワイトソックス戦で3戦連発の19号ホームラン。日本人の1年目では城島健司(当時マリナーズ)を抜いて最多
15日	マリナーズ戦でトラウトに続いて20号ソロ。日本人でメジャー20本塁打以上は松井秀喜に次いで2人目
24日	レンジャーズ戦で21号
26日	レンジャーズ戦でクリス・マーティン(日本ハムで16年にチームメイト)から22号。日本ハム時代に打った22本塁打に並ぶキャリアハイ

[10月]

1日	右肘の内側側副靭帯(じんたい)の再建術(トミー・ジョン手術)を受ける

2019年

[5月]

6日	タイガース戦、3番・DHで復帰
9日	タイガース戦で4打数2安打1打点
13日	ツインズ戦で復帰後1号ホームランを放つ
18日	ロイヤルズ戦でセンター越えの2号
31日	マリナーズ戦でトラウトに続いて3号ソロを逆方向に

[6月]

4日	アスレチックス戦で左中間に4号2ラン
5日	アスレチックス戦でセンター越えの逆転5号3ラン
8日	マリナーズ戦で菊池雄星のスライダーをレフトに6号ソロ。ラステラ、トラウトに続く3者連続ホームラン
11日	ドジャース戦で前田健太のカットボールを7号ソロ
13日	レイズ戦で先制8号など4安打。日本人選手としては初のサイクル安打

17日	ブルージェイズ戦で2回に9号3ラン
27日	アスレチックス戦でセンター越えの10号2ラン
30日	アスレチックス戦で11、12号。月間9本塁打は自己最多

[7月]

5日	誕生日で迎えたアストロズ戦でジャスティン・バーランダーから13号ソロ
7日	アストロズ戦で14号2ラン
27日	オリオールズ戦で15号ソロ。右手一本でセンターに運ぶ

[8月]

18日	ホワイトソックス戦で74打席ぶりの16号2ラン。やはり右手一本打ち

[9月]

7日	ホワイトソックス戦で58打席ぶりの17号をレフトスタンドへ
11日	インディアンス戦で弾丸ライナーの18号ソロ。打球速度は自己最速の184キロ
13日	左膝の二分膝蓋(しつがい)骨の除去手術を受ける

2020年

[7月]

29日	マリナーズ戦、4回無死一、二塁で逆転3ラン
30日	マリナーズ戦でレフトスタンドへ3ラン

[8月]

2日	アストロズ戦で5四球、2回途中で降板。右前腕の屈筋回内筋群の損傷が発覚
6日	マリナーズ戦で3号ソロ
10日	アスレチックス戦で同点2ラン
23日	アスレチックス戦で逆転3ラン

[9月]

19日	レンジャーズ戦で6号ソロ
23日	パドレス戦で同点2ラン

2021年

[4月]

4日	ホワイトソックス戦で今季初の二刀流を披露。1回裏に2号ホームランを放ち、投手としてはストレートが100マイル(約161キロ)を計測
12日	ロイヤルズ戦で7回表に二塁打を放ち、このときの打球速度がメジャー最速(当時)の119マイル(191・5キロ)を計測

21日	レンジャーズ戦の3回裏、日米通算100本目となる5号ホームランを放つ。前日は投手で4イニング投げている
24日	アストロズ戦の8回裏、無死二塁の場面でDHが解除されてレフトの守備位置に就く。三刀流は14年のソフトバンク戦以来
26日	レンジャーズ戦に2番・投手で出場、3年ぶりの勝利投手に。打っては3打数2安打2打点を記録、投手・大谷を助ける。なお、ホームラントップの選手が先発で登板するのはベーブ・ルース以来、100年ぶり

［5月］

6日	レイズ戦で10号ホームラン。5月中の2ケタ到達は日本人としては初めて
14日	ニューヨークタイムズの紙面にグローブを持つ写真とキャッチコピーが掲載。「Ohtani Can Do It All」（大谷は何でもできる）
14日	3回裏、レッドソックスの本拠地、ボストン・フェンウェイパークで〝グリーンモンスター〟越えの11号ホームラン
17日	インディアンス戦の2回裏、前日のレッドソックス戦に続く13号ホームランを放つ。日本人選手がホームラン数でメジャーリーグ単独トップになるのは史上初
28日	アスレチックス戦に先発登板して6・0回を3安打、3失点に抑えるが今季初の負け投手に。3回に顔面近くの球をめぐり乱闘寸前の場面も
29日	先発登板の翌日に2安打、2打点、1盗塁を記録

［6月］

4日	マリナーズ戦で6回を2失点に抑え、1カ月半ぶりの勝利。与四死球今季初の0
5日	マリナーズの菊池雄星からセンター左へ16号ホームラン
8日	ロイヤルズ戦で自己最長143メートルの特大ホームラン
17日	タイガース戦で6回を1失点に抑え、3勝目
18日	先発翌日のタイガース戦で20、21号ホームラン
19日	タイガース戦で95マイルのストレートを逆方向のレフトスタンドに22号
20日	ア・リーグ週間MVP
25日	レイズ戦でトロピカーナ・フィールドのライトスタンド後方にある看板のさらに後方に架かるキャットウォークに達する138・1メートルの特大ホームラン
27日	レイズ戦でピート・フェアバンクスの内角いっぱいの約153キロストレートを逆方向のレフトスタンドに放り込む25号
28日	ヤンキースタジアム初ヒットがホームラン王争いのトップタイに並ぶ26号
29日	ヤンキース戦で27、28号を連発。本塁打数メジャー単独トップに

［7月］

2日	6月の月間MVPを受賞。この日のオリオールズ戦では29、30号連発。9回裏には四球の後に二盗し、ウォルシュのライト前ヒットで劇的なサヨナラ生還

4日	ア・リーグ週間MVP。松井秀喜（当時ヤンキース）の持つ日本人最多31本塁打に並ぶ飛距離140メートルの特大弾。少女の喜ぶ姿がテレビ画面に映し出される
6日	通算4度目の週間MVPに選出される。この日のレッドソックス戦では先発して7回を2失点に抑え4勝目、日米通算では50勝目。今季2回目の与四死球0
7日	松井秀喜が持つ日本人最多ホームラン31本を抜く32号
9日	マリナーズ左腕マルコ・ゴンザレスから141・1メートルの大ホームラン
10日	スポーツ専門テレビ局主催のESPY賞の「最優秀MLB選手」に選出される
12日	オールスターゲーム前日のホームランダービーに出場、1回戦でフアン・ソト（ナショナルズ）に2度の延長の末に敗れるが、500フィート（約152.4メートル）超えのアーチ6本を放つ
13日	オールスターゲームに特例の1番・DHでスタメン出場し、先発のマウンドにも上って1回を三者凡退に抑え勝利投手になる
26日	ロッキーズ戦で7回を1失点に抑え5勝目。99球目に最速99・7マイル（約160・4キロ）を計測
27日	ロッキーズ戦で141メートルの特大36号ホームラン

［8月］

2日	6月に続き7月の月間MVPに輝く
4日	レンジャーズ戦で6回を1失点に抑え6勝目。与四死球0
11日	ブルージェイズ戦で8月に入って初のホームラン
12日	ブルージェイズ戦で6回を2失点に抑え7勝目。ホームラン王を争うウラジミール・ゲレーロJr.との対戦は2打数1安打1四球
14日	アストロズ戦で今季11勝8敗のルイス・ガルシアから39号ホームラン
18日	タイガース戦で今季最長の8回を投げ、1失点で8勝目。与四死球0。打者としては第4打席でソロホームランを放ち、40号の大台に乗る
30日	ヤンキース戦で7月までチームメイトだったアンドリュー・ヒーニーから42号
31日	ヤンキース戦でホームスチール。5回2死一、三塁の場面で一塁走者が二盗を試み、キャッチャーが送球するタイミングで三塁走者の大谷がスタートを切り生還

［9月］

3日	レンジャーズ戦で7回を2失点に抑え9勝目
4日	レンジャーズ戦で本拠地、エンジェル・スタジアムで25本目となる43号
10日	アストロズ戦で44号ホームラン。先発したピッチングは3回3分の1を投げ、自責点6で負け投手に
19日	アスレチックス戦で8回を10奪三振、2自責点に抑えるが勝ち負けつかず
21日	アストロズ戦で134・6メートルの特大45号ホームラン

26日	今季最終登板となったマリナーズ戦で7回、10奪三振、1自責点の好投も勝ち負けつかず、2ケタ勝利ならず

［10月］

3日	今季最終戦のマリナーズ戦で46号ホームランを放ち、100打点に到達
7日	「ベースボール・ダイジェスト」誌が選出する野手部門最優秀選手
22日	「ベースボール・アメリカ」誌が選出する年間最優秀選手
26日	歴史的な功績を残したチーム、個人に贈られるコミッショナー特別表彰を受賞。前回の受賞者は14年のデレク・ジーター（当時ヤンキース）。日本人では06年にシーズン最多の262安打を放ったイチロー以来2人目
27日	札幌ドームで行われた栗山英樹・日本ハム監督の退任セレモニーにVTRで出演。「僕が入団した時から本当に周りにも栗山監督も色々なことを言われたと思いますし、本当に迷惑をおかけしたんですけど、今こうして周りの人に少しずつ受け入れてもらえているのも栗山監督がいてくれたからです。（中略）あんまり長くなると、監督泣いちゃうかもしれないのでこの辺にしたいなと思います。本当に10年間お疲れ様でした。そしてお世話になりました」
28日	大リーグ選手会主催の選手間投票で決まるプレーヤーズ・チョイス賞の「年間最優秀選手賞」と「ア・リーグ最優秀野手賞」をダブル受賞。年間最優秀選手賞は日本人初の受賞、ア・リーグ最優秀野手賞は2004年のイチロー以来2人目 「こんな投球と打撃を同時にする選手は見たことがない」 （マックス・シャーザー投手／ドジャース） 「見ていてとても楽しかったよ。投げて、打って、ともに素晴らしい1年だった。これからも楽しみにしている」（ブライス・ハーパー外野手／フィリーズ） 「投げていなくてもMVP候補だし、打っていなくても大リーグで最強の投手だ」（トレイ・マンシーニ外野手／オリオールズ） 「リトルリーグで全力でプレーする12歳がそのまま大人になったようだ」 （バスター・ポージー捕手／ジャイアンツ） 「彼が成し遂げていることを毎日のように目にすることができ、野球ファンの1人としては、1歩退いて見つめ、大谷翔平の偉大さを味わうしかない。 彼が見せたような活躍は、もう目にすることはないのではないかと思う」 （フレディ・フリーマン内野手／ブレーブス） 「先発して8回投げた翌日にホームランを打つなんてとにかくすごい。 歴史的な瞬間ばかりだった」（マイク・トラウト外野手／エンゼルス） 「同僚から選出されたわけだが、彼らは大谷がこれだけのことを成し遂げるのにどのような能力が必要なのか、その活躍がどれほど意義深いことなのか、どれほど驚くべきことなのか、十分理解している」 （ジョー・マドンエンゼルス監督）

［11月］

18日	アメリカン・リーグMVPを受賞。投票した30人の記者すべてが1位票を投じる「満票」での受賞は、14年のマイク・トラウト（エンゼルス）以来、7年ぶり。

第5章

大谷翔平のメジャー挑戦を踏み台に

――日本球界に現れたスラッガーと剛腕

打点王、島内宏明に見た大谷翔平のスタイル

島内宏明（楽天）が21年に打点王に輝き、改めてその打ち方に注目した。インターネット上の動画を見て確認すると18年は小さく足を上げる形だったのが、19年には前に出した足を打つ直前に少しだけひねる現在の形になっていた。角中勝也（ロッテ）も似た打ち方をするが、2ストライクに追い込まれるまでは普通に前足を引いてタイミングを取っている。島内は最初からこのスタイルでタイミングを取り、角中ほど低く構えない。

島内が誰に似ているか今さら言うまでもない。大谷が足を上げる形を変えたのはメジャー1年目の18年春。一本足打法ではメジャーリーガーの速いストレートやキレのいい変化球に対応できないと思い、渡米してすぐに今の形にした。最初から右足を前に出し、その足首を打つ直前に小さくひねる現在の形である。島内も大谷の打ち方によく似ている。

こういうのをすべて大谷の影響とは考えないが、自分にも応用できるな、と考える人は多いだろう。たとえば、野茂英雄のトルネードスタイルを取り入れようと考えたプロは元近鉄の品田操士（近鉄など）くらいしか思い出させない。イチローの振り子スタイルを取り入れたのも、私の記憶では坪井智哉（阪神など）だけだ。あまりにもセオリーから外れているのだ。

それにくらべて大谷のスタイルは真似をして悪くなるとは考えにくい。投打二刀流こそアンチセオリーだが、打つ形、投げる形は理に沿っている。と言うより理屈を突き詰めて投げる形、打つ形を模索するのが大谷のスタイルなのだ。

17年に出版した『大谷翔平　日本の野球を変えた二刀流』（廣済堂出版）の中で、「大谷の登場とともに同時代の大器が続々と覚醒していった」の見出しを作り、大谷がプロ1年目を過ごしたあとの14年に前年の成績を大きく上回った選手として筒香嘉智（パドレス）、山田哲人（ヤクルト）、柳田悠岐（ソフトバンク）、西川遥輝、中島卓也（ともに日本ハム）を紹介した。全員、13年までは100安打未満である。

逆に、大谷とドラフト同期の投手はルーキー年の12年に飛び出した選手が多い。藤浪晋太郎（阪神）、則本昂大（楽天）、小川泰弘（ヤクルト）、菅野智之（巨人）は新人離れした活躍をして、全員、私が成功の目安にしている通算50勝をクリアしている。このバッターとピッチャーの1年のタイムラグを同書では次のように書いた。

「これらの各投手にとって大谷はプロ入り前から脅威だった。高校3年の夏にストレートが最速160キロを計測し、日本のプロ野球を経ない『直メジャー』を表明する姿がドラフト前にはマスコミを大きく賑わせた。

それに対して打者・大谷は『副業』の扱いだった。『副業にしてはよく打つね』くらいの関心でしかなく、プロ入りと同時に先輩たちの敵愾心（てきがいしん）を煽（あお）るような存在ではなかった。それが試合前のフリーバッティングで特大の柵越えを連発する長打力を目の当たりにし、ようやく各打者は大谷の凄さに気づいた。この1年のタイムラグが13年の投手の覚醒、14年の打者の覚醒になって現れているのだと思う」

今、メジャーリーグでの大谷は正業がバッター、副業がピッチャーとして見られている。当然、日本球界に与える〝第二次〟の影響はバッターが先だろう。ドラフト同期、鈴木誠也（広島）のポスティング制度を利用したメジャー挑戦も、大谷の活躍が引き金になっているはずだ。そういう変化の兆候をバッターから見ていきたい。まず大谷のメジャー挑戦以降に飛躍した選手たちだ。

大谷翔平のメジャー移籍後に覚醒したスラッガー岡本和真と村上宗隆

岡本和真（巨人）は大谷より2年遅れの14年、ドラフト1位でプロ入りした。シーズン初の100安打を達成したのは4年目の18年。143試合にフル出場し、打率・309、安打167、本塁打33、打点100を残し、22歳3カ月の100打点超えは史上最年少と話題になった。岡本のいいところはシーズンごとの浮き沈みがないところだ。ホームランは4年連続で30本を超え、20、21年は連続ホームラン王を獲得し、打点は4年連続で90を超え、20、21年とも二冠に輝いている（21年は村上宗隆と本塁打王を分け合う）。

大谷と似ているのは変化球に体勢が崩れかけてもしっかり持ちこたえて打球を遠くへ

飛ばせるところで、体幹の強さを感じる。プロ入り直後に話を聞いたときは「これまでウエイトトレーニングをしてこなかった」と言うが、にわかに信じられなかった。

高校生野手のドラフト1位は09年の筒香嘉智（横浜）、今宮健太（ソフトバンク）以降、5年続けて2人以上いて、11人中8人は戦力になっている。それでも複数いた高校生野手のドラフト1位の流れが14年は岡本1人だけになった。徐々に改善されていても多くの球団が1、2位でほしいのは投手というのは変わらない。

プロ1年目、一軍戦に17試合出場、28打数6安打（1本塁打）を記録、シーズン終了後の11月下旬に開催された台湾でのウインターリーグで打率・383、本塁打3、打点20（打点王）を挙げて大器の片鱗を見せている。そこから素質が開花する18年までの歩みは、大谷がメジャーリーグに挑戦するまでの試行錯誤と重なる。

岡本の3学年下の村上宗隆は17年のドラフト会議で清宮幸太郎（日本ハム）の外れ1位でヤクルト入りした。プロ1年目はファームで98試合出場して、365打数105安打、打率・288、本塁打17、打点70に加え、盗塁16が光った。一軍戦にも6試合出場し、ホームランを1本放っている。2年目の19年には118安打を放ち、そのうちの36本がホームラン。本塁打率（打数÷本塁打）14パーセントはセ・リーグ本塁打王のソト

（DeNA）の12パーセントに迫り、岡本の18パーセントを上回っている。20年には打率が3割を超え、21年は本塁打39、打点112でホームラン王を岡本と分け合い、打点は岡本に1差及ばなかった。

17年のドラフトでは7球団が清宮を1位で入札し、〝清宮ドラフト〟と言われた。清宮は伸び悩みのように言われるが、過去4年間の成績は安打126、本塁打21だ。たとえば筒香が新人年以降の4年間に記録した安打131、本塁打20とくらべても何ら遜色ない。村上と比較するから伸び悩んでいるように見えるのだ。

村上の素晴らしいのはバッティングフォームだ。ストレート、変化球の球を打つときも、内角、外角の球を打つときも、低め、高めの球を打つときも、体幹にまったくブレが生じない。内角は引っ張り、外角は逆方向におっつけて飛距離を伸ばす。20年まで大谷がメジャーリーグでやっていたことを今、村上は日本でやって見せている。

左打ちのスラッガーで、足が速いのも大谷と似ている。20、21年の盗塁数は11、12で、四球数は初めて100の大台を超す106。大谷が安打、四死球、打点、得点100超えで話題になったが、村上も安打、四球（死球を入れない）、打点で大台を超えた（岡本は安打、打点が100を超えたが四球が57だった）。

17年オールスターゲーム第1戦、セ・リーグのスターティングメンバーは1番糸井嘉男（阪神）、2番鳥谷敬（阪神）、3番坂本勇人（巨人）、4番筒香嘉智（DeNA）、5番ゲレーロ（中日）、6番鈴木誠也（広島）、7番新井貴浩（広島）、8番梅野隆太郎（阪神）、9番菊池涼介（広島）だった。21年の第2戦はというと、1番山田哲人（ヤクルト）、2番大島洋平（中日）、3番ウィーラー（巨人）、4番村上、5番岡本、6番佐藤輝明（阪神）、7番佐野恵太（DeNA）、8番木下拓哉（中日）、9番中野拓夢（阪神）という顔ぶれ。17年にくらべるとぐっと若返っている。言うまでもなく、変化を最も感じさせるのが村上、岡本、佐藤輝の存在である。

阪神記事が氾濫する中でわかった佐藤輝明の存在感

17年のオールスターゲームに話を戻すとパ・リーグには若手・中堅に逸材が揃っていた。中田翔、西川遥輝、大谷（ともに日本ハム）、柳田悠岐（ソフトバンク）、秋山翔吾（西武）たちがまだ20歳代だったのに対し、セ・リーグの20歳代のスラッガータイプは、坂本、筒香、宮﨑敏郎（ＤｅＮＡ）、丸佳浩、鈴木誠也（ともに広島）という顔ぶれ。野手だけに限定すれば同数だが迫力が違う。セがパに押されているのがわかる。それが21年は変化が見えてきた。岡本、村上以外でも新人、佐藤輝明の出現が大きい。

甲子園大会の取材で関西入りしたのは21年8月8日だ。帰京する30日までの22日間、関西版のスポーツ新聞を毎日読んで阪神情報を目にしてきたが、多かったのは佐藤の記事。ホームラン数の月間成績を調べたら4月6本、5月6本、6月6本、7月1本、8

月3本と漸減（ぜんげん）しているのだが、そこはええやろ、という感じなのだろう。

まず、阪神ネタの洗礼を浴びたのは8月10日。東京オリンピック侍ジャパン金メダルの記事だが、1面には代表メンバー・岩崎優の写真がでかく載り、脇には梅野隆太郎、青柳晃洋、さらに小さく稲葉篤紀監督の胴上げ、その下にメダルをかけた24人全員の写真というレイアウト。MVPは山田哲人（ヤクルト）、ベストナインの日本人選手は投手・山本由伸（オリックス）、捕手・甲斐拓也（ソフトバンク）、遊撃手・坂本勇人（巨人）なのだが、そういう記載はどこにもない。

翌11日は裏1面に二塁打を打った佐藤の写真が大きくレイアウトされ、「祖父母の前で痛烈二塁打締め」の見出し。14日は1面で3安打と新人歴代最多の122三振が大きく報じられ、18日も1面で、阪神OB、田淵幸一の22本塁打に並ぶ21、22号。これは東京でも1面だろう。翌19日は2面で58打点目のヒットが「輝打点、阪神新人単独3位」の見出しとともに報じられ、20日は田淵超えの23号ホームランの記事が1面、6面では大谷40号が大きな写真で紹介されている。東京ならこっちのほうが1面の可能性がある。

翌21日はホーム返球の補殺がセ・リーグ外野手では鈴木誠也の10個に次ぐ5個という記事が2面に載り、23日は6個目の補殺、28日は1面で「打線テコ入れ　輝が心配」の見出しで絶不調ぶりが伝えられている。30日は1面が智弁和歌山高校の甲子園大会優勝の記事で、阪神ネタは4面で「あぁ虎一気に3位転落」の記事があるだけ。この日は東京に帰ってきた日なんだ、とちょっと安堵した。

阪神ネタに翻弄された3週間だったが、こうして思い返すと佐藤のことがよく認識できた。佐藤は長打だけでなく、外野手として肩も強いことがわかった。

佐藤の甲子園球場で打ったホームランをYouTubeの画面で見てわかったのは、変化球に強いこと。4月14日の広島戦では森下暢仁が投じた113キロのカーブをライトスタンド、4月25日のDeNA戦では阪口皓亮のやはりカーブをライトスタンド、5月2日の広島戦では無死満塁の場面で野村祐輔の125キロチェンジアップに対して体勢を崩さずライトスタンド、6月3日のオリックス戦では山﨑福也のカーブをライトスタンド、6月6日のソフトバンク戦では武田翔太の縦に割れる139キロのスライダーを右中間スタンド、6月19日の巨人戦では戸郷翔征が投じた外角寄りのスライダーをライトスタンドへ放り込んでいる。

5月7日のDeNA戦で中川虎大の145キロストレートを横浜スタジアムの最上段に放り込んだときは翌日の日刊スポーツに「大谷が打てばテルが打つ⁉」という見出し

の記事が載っていた。日本時間の7日に10号ホームランを放った大谷との「共鳴」がSNS上で話題になっているらしい。ちなみに、33試合目で放った佐藤の10号はドラフト制以降、新人としては最速とのこと。

5月12日の巨人戦では4回表にセンターのフェンスを直撃する二塁打を放っている。阪神の新人が巨人戦で4番を打ったのは39年の富松信彦、41年の松下繁二、2017年の大山悠輔以来4人目で、ヒットを打ったのは富松以来82年ぶりだと、これも日刊スポーツが報じている。

オリックス時代の94年、イチローは日本人として初のシーズン200安打を放ち、天才の異名をほしいままにした大下弘（セネタースなど）と〝天才つながり〟で話題になった。04年にメジャーリーグ歴代最多の262安打を記録したときはそれまでの記録保持者、ジョージ・シスラーの名前が歴史の中から掘り起こされた。21年の大谷も103年前にベーブ・ルースが二刀流で活躍したことを多くのファンに思い出させ、佐藤もほぼ忘れられていた富松信彦、松下繁二の名前を歴史の中から掘り起こし、復活させた。偉大な野球人の足跡を佐藤もなぞっているようだ。

大谷の影響については7月6日配信のスポーツ報知電子版が「佐藤輝明、球宴ジャックだ……大谷翔平を手本に本塁打量産」という見出しで伝えている。
「打球速度をもっと上げて、もっとホームランを打ちたい。どうやったら打てるのか、大谷選手のバッティングとかを見ながら考えています」

本書のあとがきに、ワールドサッカーマガジン元編集長の「大谷選手の活躍を見て、『俺も大谷みたいになりたい』と言って野球を始める人が増えそう」という発言を紹介したが、子ども世代だけでなく現役のプロ野球選手も大谷の影響を受けていると思うのは、こういう発言を見ているからだ。

大谷翔平にとってただ一人と言っていい同期のライバル鈴木誠也

鈴木誠也は大谷と同学年なので、さらに直接的な刺激を受けているはずだ。17年1月1日付けのスポニチアネックスが掲載した2人の対談を見てそう思った。

大谷 誠也のは外野を越えそうと思ったら、そのままスタンドイン。ポーンって軽く振ってるように見えたんで、凄いパワーだと思った。

誠也 軽く……じゃねーわ。そっちこそ天井に当たるのは何回か見たけど、ぶち抜いていくのはちょっと凄い。一瞬だった。パキューンって。

大谷 え？　どんな？

誠也 だから、パキューンって（笑い）。あれは凄かった。それと印象的だったのが、空振りしたスイングがベンチまで聞こえたこと。あれは初めての経験で、バケモンか？と。強化試合でも使われたＷＢＣ公式球は、僕的には飛ばない感じがした。それをばしばし飛ばしていて、凄いなと。

同学年の親しみがよく伝わってくるし、大谷の茶目っ気もよく出ている。その同学年の大谷が先陣を切ってＭＬＢでブームを巻き起こせば、鈴木の中に負けん気が起こってくるのは当然である。スポニチの対談では最後のほうで、世界で戦う気概が語られている。

大谷　真面目な話をすると僕らは日本でしか戦ってない。（水泳の萩野）公介も（フィギュアスケートの）羽生（結弦）くんも世界基準。そういう意味でまだまだです。

誠也　やっぱり日本野球がなめられたくない。そういう気持ちは、代表に選ばれる方はみんな持っていると思う。世界一になりたいです。試合に使ってもらえるのなら、仕事ができるように、しっかり準備したい。

大谷は同学年の多くが道半ばにしてライバル戦線から離脱していくのが寂しかったのだろう。同学年で張っている鈴木誠也との話が楽しくて仕方なく、その一方でエールも送っている、そんなふうに思える。この原稿を書いている時点ではポスティング制度を活用したメジャー球団入りが決まっていないが、できれば大谷がいるアメリカン・リーグでのプレーを見てみたい。

メジャーリーガーを翻弄した千賀滉大の"お化けフォークボール"

ピッチャーでは千賀滉大（ソフトバンク）のメジャー挑戦が頻繁に話題になってきた。千賀はメジャー志向があり、これまでポスティング制度を活用した移籍を球団に直訴してきたが、球団は一貫して首を縦に振らなかった。残された手段は海外ＦＡ権を取得して、その権利を行使して移籍すること。海外ＦＡ権の取得は順調ならば22年中、つまり23年からメジャーリーグで投げることは十分可能性がある。

海外ＦＡ権を行使してメジャーに挑戦したのは、佐々木主浩（横浜→99年マリナーズ）、新庄剛志（阪神→00年メッツ）、松井秀喜（巨人→02年ヤンキース）、黒田博樹（広島→07年ドジャース）、澤村拓一（ロッテ→20年レッドソックス）など33人いて、30歳すぎてからの挑戦がほとんどなのに半分以上の選手がしっかりと足跡を残している。

千賀が23年にメジャーのマウンドに立つときの年齢は30歳。

たとえば、上原浩治は08年に海外ＦＡ権を行使して、翌09年にオリオールズのピッチャーとしてメジャーのマウンドに立ったが、そのときの年齢は34歳だった。そこから9年間で４３６試合に登板し、22勝、95セーブ、81ホールドを挙げている。日米通算成績は１３４勝93敗１２８セーブ１０４ホールド。日本人としては史上初の１００勝１００セーブ１００ホールドの達成者である。千賀は上原より4歳早くメジャーで投げることができる。国際試合での実績は十分あり、メジャースカウト、選手、監督からの評価も高いので、メジャー各球団は安心して千賀を迎え入れることができる。

ファンなら千賀が抜けたあとのソフトバンク投手陣の弱体化を心配するだろう。21年は8年ぶりのＢクラス陥落を経験しているので尚更である。しかし、主力が抜けることによって新陳代謝が促進されることで推進力が高まる、というのは私たちが20年間見てきてわかったことである。ソフトバンクは獲る側だったので獲られる側の痛みは知らないかもしれないが、新陳代謝は促進してきた。とくに21年は下位に低迷しながら新戦力の抜擢に積極的で、野手では三森大貴の躍進を促し、将来の大砲候補、リチャード砂川も台頭してきた。投手も笠谷俊介、杉山一樹に出てくる気配がある。

千賀は22年に28歳を迎えるが、16年以降、6年連続2ケタ勝利を続行中で、球界ナンバーワンの安定感を誇っている。ストレートは１００球を超えても１６０キロ近くを計測し、〝お化けフォーク〟の異名を取る落差の大きいフォークボールは17年ＷＢＣ、21年オリンピックの好投でしっかり認識されている。

印象深かったのは17年3月12日に行われたＷＢＣ第2ラウンドのオランダ戦だ。6対5でリードした5回裏に3番手として登板、いきなりアンドレルトン・シモンズ（当時エンゼルス）にヒット、次打者にも二塁打を打たれ、無死二、三塁のピンチを背負うが、ここからが凄かった。

3番ザンダー・ボガーツ（レッドソックス）に１２６キロのフォークボール（空振り）、１５2キロのストレート（見逃し）、ワンバウンドのフォークボール（ボール）で1－2にしてから１５５キロのストレートで見逃しの三振。

4番ウラディミール・バレンティン（当時ヤクルト）には１５３キロのストレート（空振り）、１５４キロのストレート（空振り）、１５０キロのストレート（ボール）で1－2にしてから１３６キロのフォークボールで空振りの三振。

5番ディディ・グレゴリウス（当時ヤンキース）には１３３キロのフォークボール

（ボール）のあとの152キロのストレートで一塁ゴロに打ち取っている。

シモンズ、ボガーツ、グレゴリウスは当時も今もばりばりのメジャーリーガーで、オランダは13、17年大会の準決勝進出チームである。この大会で千賀は11回投げて奪三振16、防御率0・82の快投を演じ、日本人で1人だけオールWBCチーム（ベストナイン）に選出されている。23年にメジャーデビューすれば新人王の有力候補に挙げられることは間違いない。

すべての球種が勝負球になる山本由伸の迫力

千賀滉大を差し置いて、日本球界ナンバーワン投手と言われるのが山本由伸（オリックス）だ。一軍に定着したプロ入り2年目の18年は中継ぎとして54試合に登板して、4勝2敗32ホールドで勝利の方程式を確立し、19年からは先発に回り当初は8勝6敗、8勝4敗と勝ち星が伸び悩むが、21年に18勝5敗、防御率1・39で大躍進を遂げ、チームを25年ぶり13回目の優勝に導いた。以下に紹介するのは21年の投手成績である。

最多勝18勝（2位はオリックス宮城大弥の13勝）、防御率1・39（2位は宮城の2・51）、勝率・783（2位は宮城の・765）、最多奪三振206（2位は楽天則本昂大の152）。

メジャーリーグで公式記録として扱われているWHIP（1イニングに何人の走者を

出したかを表す）も12球団ナンバーワンの０・86を記録し、19年のＷＢＣでは５試合にリリーフ登板して防御率１・80という圧倒的な成績を残している。

投球フォームは大谷のように模範的ではない。テークバックでボールを持つ右手が後ろに引っ張られる形は槍投げを思わせる。このとき後ろに引っ張られる上半身と、前へ行こうとする下半身がトップ時の強烈な割れを作り、ボールに反発力を加える。

ストレートの最速は１５８キロ、と言っても〝瞬間風速〟ではない。１００球を超えてもここぞという場面では１５０キロ台中盤から後半を計測するのだ。変化球は１４０キロ台中盤のカットボール、フォークボールに加えて、打者の腰を折るような１２５、６キロのカーブがあり、21年クライマックスシリーズではロッテ各打者を翻弄した。

山本がマウンドにいると、このまま無失点ないしは1、2点の失点のまま終了するな、という現場の空気が感じられる。千賀や少し前の菅野智之（巨人）がまとった存在感を、今は山本が放射している。

第4章で紹介したように大谷の存在を意識した発言もあり、その目は確実に大谷のいる世界に向かっている。メジャーリーグのスカウトや関係者もインターネットの画像を見て、いずれメジャーに挑戦してくると予感している。

まだFA制度がプロ野球界にないとき、そのチームにたとえばショートの逸材が現れると、「これで10年は、ショートは大丈夫（補強しなくていい）」という決めゼリフがあったが、今は「7年後にはいなくなるかもしれないから後継者を探さないと」が新常識になっている。オリックスもそういうことはわかっているのだろう。19、20年のドラフトではチームが最下位だったにもかかわらず高校生の宮城大弥、山下舜平大を指名している。こういう土壌から山本のような逸材が現れる。

大谷と同じ岩手から出現した佐々木朗希の怪物度

21年クライマックスシリーズは明日のプロ野球を見事に暗示した。パ・リーグのファーストステージではロッテの佐々木朗希が楽天打線を相手に6回を投げ、みずからの悪送球による1失点に抑え、サヨナラ勝ちを呼んだ。96球のうちストレートは最速159キロを計測して平均は155キロ、10奪三振のうち7個はフォークボールによるものだった。

佐々木の出身校は大谷と同じ岩手県の県立大船渡高校で、高校3年の夏には大谷と同様にストレートが最速160キロを計測し、その3カ月前には大勢のスカウトやマスコミの記者の前で大谷超えの163キロを披露している。

夏の岩手県大会は決勝に進出するが、佐々木の肩・ヒジの疲労に配慮した監督が起用しなかったこともありチームは2対12で敗れ、批判の声が溢れたが、今の佐々木を見れば当時の監督の配慮がいかに貴重だったかわかる。

ドラフトの話を少ししたい。これほど素質が明らかだったが、ドラフト1位で入札したのはパ・リーグのロッテ、日本ハム、楽天、西武だけだった。セ・リーグはもう1人の逸材、奥川恭伸にヤクルト、阪神、巨人が向かい、抽選でヤクルトが交渉権を獲得したことは、今年のクライマックスシリーズを目撃したファンには言わずもがなである。

同じ逸材でも完成度、即戦力度では奥川が勝っていた。その奥川にセの3球団が向かい、未完の大器の佐々木にはパの4球団が向かった。これと同じような傾向は21年にも見られた。セが1位で指名した高校生は小園健太（DeNA）、森木大貴（阪神）で、パには松川虎生（ロッテ）、吉野創士（楽天）、風間球打（ソフトバンク）、達孝太（日本ハム）の4人がいた。このうち野手はパの松川、吉野の2人だけ。ドラフトに向かうときの安全策を取りたがるセと、冒険心を優先するパの姿勢の違いが相変わらずよく見えた。

奥川を低く見ているわけではない。19年夏の甲子園大会3回戦、智弁和歌山高戦で奥川は14回を完投して、1失点に抑えている。ストレートとスライダーの緩急とコントロールのよさが際立っていたが、最も驚いたのはストレートのキレと速さ。165球中ストレートが79球あり、その平均球速は150・1キロだった。

21年には18試合に登板して9勝4敗、防御率3・26を記録、2年連続最下位にあえぐヤクルトを首位に押し上げた。ピッチャーの大功労者と言っていい。

佐々木が163キロを計測した現場に奥川もいた。19年4月6日に行われたU18高校日本代表候補一次合宿の紅白戦でのこと。佐々木は森敬斗（桐蔭対高→DeNA）、紅林弘太郎（駿河総合高→オリックス）、黒川史陽（智弁和歌山高→楽天）など6人と対戦し、全員を三振に仕留めた。

森は2年目の21年に20安打、黒川も森同様に1年目から一軍の試合に出場し、21年は14安打を放ち、そのうち1本はホームランだった。紅林は2年目の21年、ほぼショートのレギュラーを手中にし、136試合に出場し、打率・228、安打102、本塁打10、打点48を記録している。その彼らが、紅白戦で対戦した佐々木を次のように語っているのだ。

「見たことがない球。ホップしてきた。奥川くんも速かったが、スピードが違う」（森）

「ほかの投手とはレベルが違う」（紅林）

「予想以上だったけどびっくりまではいかなかった。自分の実力のなさを教えてくれる直球でした」（黒川）――19年4月7日付けの日刊スポーツより

　上田希由翔（愛知産大三河高→明治大）も「リリースしたと思ったら自分のところに来た。これまではどんな速い球にも対応できていたが、厳しかった」と言い、佐々木の球を捕球した藤田健斗（中京学院大中京高→阪神）は翌日、左ひと差し指にテーピングして現われ、「これが人の球なのかと。想像を軽く超えていました。捕れただけでうれしいです」ともの凄いコメントを残している。

　対戦していないが、ベンチから見ていた代表候補も驚きの声を上げている。

「横から見ていても、見たことのないスピードでした」（石川昂弥／東邦高→中日）

「いやー、佐々木投手、本当にすごいなと」（及川雅貴／横浜高→阪神）

　そして奥川は「佐々木くんのスピードは本当にすごい」と洩らしている。

　21年夏、日大三高の小倉全由（おぐらまさよし）監督は、「今、プロ野球の12球団を見渡しても、東京の高校出身のピッチャーで、エースと呼ばれる選手は、残念ながらいないのが実情です。『甲子園に出場すること』と、『スケールの大きなピッチャーを育てる』ことを両立させることが、非常に難しいのが東京の高校出身者と言えるのかもしれません」と金融メデ

ィア『マネー現代』（講談社）で語っている。

大谷が春、夏の甲子園大会で残した成績は0勝2敗、佐々木は甲子園大会には出場していない現状を見れば小倉監督の発言は一理ある。半面、素質のある中学球児ほど日大三高など名門校をめざしてくるのを見れば、彼らに将来を見据えた指導をするのは名将と言われる監督の仕事だとも思う。これは大学の東京六大学リーグ、東都大学リーグを見て、いつも思うことである。

佐々木は故障を心配した監督が批判覚悟で決勝に投げさせなかった配慮に感謝しなければならないのかもしれない。プロ入り後は、やはり井口資仁・ロッテ監督が体作りを優先して、1年目は一、二軍とも登板させていない。翌21年は11試合に登板して3勝2敗、防御率2・27を記録し、奥川の後を追う位置につけている。この歩みは理想的と言っていい。

ストレートは速さだけが武器ではない。球持ちが長く、腕の振りより少し遅れてボールが飛び出してくるイメージ。それでいて160キロに迫る球速が出ているので、攻略は極めて難しい。変化球は高校時代から投げていたフォークボールとスライダーがあり、勝負球はフォークボール。大谷、菊池雄星を見たメジャーリーグファンの外国人には「IWATE」は日本の高校野球を象徴する地域として認識されているのかもしれない。

佐々木のメジャーリーグ挑戦の目安は60〜70勝あたり。今後毎年、15勝ずつ挙げていけば26年にメジャー行きの話題が出てもおかしくない。大変な時代になったが、私はメジャーリーグをプロ野球の延長にあるものと考えているので、最近のプロ野球は奥行きを増したと感じている。21年夏に体験した高校野球を球場で見ながらスマホを操作して大谷がホームランを打ったことを確認する、これは本当に贅沢な時間である。ここに佐々木も奥川も加わってほしい。

おわりに

ワールドシリーズはアトランタ・ブレーブスがヒューストン・アストロズを4勝2敗で退け、1995年以来26年ぶりの〝世界一〟を獲得して幕を閉じた。15年以降、ワールドシリーズの覇者は、15年＝ロイヤルズ（30年ぶり2回目）、16年＝カブス（108年ぶり3回目）、17年＝アストロズ（初優勝）、18年＝レッドソックス（5年ぶり9回目）、19年＝ナショナルズ（初優勝）、20年＝ドジャース（32年ぶり7回目）、21年＝ブレーブス（26年ぶり4回目）と、18年を除いて初優勝ないしは何十年ぶりという冠が付いたサプライズ優勝が続いてきた。

スター選手の流出が続いても上位にいることが多い低年俸球団、アスレチックスが編み出した『マネーボール』戦略以降、メジャーリーグではさまざまな戦術が編み出され、その大きなうねりがワールドシリーズでのサプライズを生み出してきた。その改革の一翼を担ったのがピッツバーグ・パイレーツだ。15年には右腕ゲリット・コールを擁して3年連続のポストシーズン進出を果たし、膨大なデータを駆使した戦略は『ビッグデータ・ベースボール』（トラヴィス・ソーチック著、角川書店）という本にもなって注目を集めたが、16年以降は下位を低迷している。

ちなみに、ゲリット・コールは18年にトレードでアストロズへ移籍、20年にはＦＡ権を行使してニューヨーク・ヤンキースに移籍したが、ヤンキースは松井秀喜がＭＶＰに輝いた09年以来、ワールドシリーズに進出していない。新戦略はさらに新しい戦略に取って変わられ、戦略を生み出さない球団はいくら多額の資金を使って大物を獲得しても、世界一にはなれないという現実が見えてくる。

15年には選手のプレーを数値化するスタットキャストが30球団すべての本拠地球場に設置され、ピッチャーは投げるボールの回転数やボールの角度、バッターは打球速度や打球角度、外野守備では打球に到達するまでの時間と移動距離などが明らかになり、日本の球界にもフライボール革命、守備シフト、ピッチフレーミング（捕手の捕球法）という新戦略が遅まきながら波及しつつある。もはや野球はアメリカのもの、日本のものという一地域に限定されるものでなく、世界共通の技術や戦略のもとで行われるものになった。このあとがきを書いている現時点では決まっていないが、72年にアメリカン・リーグが導入した指名打者制度（ＤＨ制）をナショナル・リーグでも導入しようという動きがある。こういうグローバルな動きに多大な影響を与えているのが大谷翔平である。もし、指名打者制度がなかったら、今の大谷はいなかったかもしれない。

「もしも、サッカー界に大谷翔平級の選手がいたら……。米大リーグ・エンゼルスの大谷翔平（27）が野球界で活躍すればするほど、こんな妄想をしてしまう。日本サッカー史においては、プロ化から約30年経ってもなお『世界を驚嘆させるようなスーパースター』は輩出されておらず、最優秀選手賞『バロンドール』の日本人受賞者も現れないままだ」

これは日本球界がクライマックスシリーズを迎える直前の21年11月5日に配信された「ＡＥＲＡ ｄｏｔ.」の記事である。同ニュースは北條聡・ワールドサッカーマガジン元編集長の「ブラジルやアルゼンチンでは昔から、ペレやマラドーナなどのスーパースターが輩出されてきて、彼らがアイコン役となって人材を呼び込んできた。その点、日本の子どもたちは大谷選手の活躍を見て、『俺も大谷みたいになりたい』と言って野球を始める人が増えそうですよね」という発言も紹介している。

「人材が他競技に流れる」というのは、かつてはプロ野球ＯＢたちの常套句だった。時代が変わったということだろうか。

まだ大谷の活躍が続く9月頃、友人と「今後、大谷のような人材が日本から飛び出すか」という話題になった。私は「出ない」と言い、友人は「出る」と言う。私は「こんなにすごい選手は50年出ない」と言い直し、友人は「35年後には出る」と言い直す。同じようなことを言っているのだが、この酒席で考えたのは、大谷が常識・習慣になればそこに法則や道ができ、日本の常識も上書きされるのではないか、ということ。そうなれば15年後くらいに大谷二世が飛び出しても驚かない。

日本の野球人は、メジャーリーガーのストレートの速さや打球の飛距離、あるいは内野手の三遊間からの遠投や併殺を完成させるときのスナップスローを見ると、すぐアメリカ人だからできる、スパニッシュ（中南米）だからできると言う。日本人は体格や運動神経で劣るのでバントや変化球を多用する戦術に活路を見出す以外、国際大会で対等には戦えない……等々。プロ野球OBを取材するたびに聞かされてきた言葉である。そういう卑屈な常識を大谷はひっくり返した。

大谷の走攻守を見ているうちに弾けるような笑顔になっている自分に気づく。野茂英雄もイチロー、松井秀喜もすごかったが、見ていて楽しくなるのは大谷だけだ。メジャーリーグや日本球界ではスタットキャストやトラックマンという機器を使った新戦略が続々登場し頭が固くなっている私を悩ますが、大谷の走攻守はそういう新戦略をも古くさせるパワーがある。

私は02年以降、アメリカ野球行脚の影響でストップウォッチを使った野球観戦を続けている。機器を使った野球分析は得意分野だと思っているが、それでも科学的には考えられない大谷のスーパーマン的な活躍により、パソコンやスタットキャストを用いた野球分析が時代遅れになる現実も見てみたい。

「まだパソコン見ているんですか」

「もっと現場で野球を観ましょうよ」

そんな言葉が若い分析班の間で飛び交ったら面白いと思う。

50年後に大谷二世が出現するのを見てみたいが、それはできそうもない。それなら10年後にアラフォーに差しかかった大谷と大谷二世が一緒にプレーするのはどうか。それならひょっとしたら見られるかもしれない。それまでは頑張って野球を見続けていたい。

本書を企画した廣済堂出版編集部・飯田健之さんとは4年前に出版した『大谷翔平 日本の野球を変えた二刀流』（廣済堂出版）以来のタッグになった。大谷の話をしながら、久しぶりにおいしい酒を呑みましょう。

2021年11月19日

小関　順二

■参考文献

◇新聞

日刊スポーツ
スポーツ報知
デイリースポーツ
スポーツニッポン
サンケイスポーツ

◇雑誌

スポーツ・グラフィック「Number 1035」(文藝春秋)
「スラッガー 11 月号増刊 大谷翔平 2021 シーズン総集編」(日本スポーツ企画出版社)
「ニューズウィーク日本版」(CCC メディアハウス)
報知高校野球　2021 年 9 月号(報知新聞社)

◇単行本

『野球にときめいて　王貞治、半生を語る』(王貞治、中央公論社)
『大谷翔平 日本の野球を変えた二刀流』(小関順二、廣済堂出版)
『「野球」の誕生 球場・球跡でたどる日本野球の歴史』(小関順二、草思社文庫)
『日米野球映画キネマ館』(田沼雄一、報知新聞社)
『鈴木龍二回顧録』(鈴木龍二、ベースボール・マガジン社)
『「文藝春秋」にみるスポーツ昭和史 第 1 巻』(文藝春秋)

◇テレビ

NHK BS1
BS テレ東
ABEMA

◇インターネット媒体

MLB.JP
FNN プライムオンライン
ベースボールチャンネル
nikkansports.com
THE DIGEST
Sports navi
ABEMA TIMES
Full-Count
Number Web
SporuTube.com
THE PAGE

装幀◉清原一隆(KIYO　DESIGN)
本文デザイン・DTP◉桜井勝志
編集◉飯田健之
編集協力◉松山久

大谷翔平
奇跡の二刀流がくれたもの

2021年12月23日　第1版第1刷

著　者　小関順二
発行者　伊藤岳人
発行所　株式会社廣済堂出版
〒101-0052　東京都千代田区神田小川町2-3-13　M&Cビル7F
電話　03-6703-0964(編集)
03-6703-0962(販売)
FAX　03-6703-0963(販売)
振替　00180-0-164137
URL　https://www.kosaido-pub.co.jp

印刷所
製本所　三松堂株式会社

ISBN 978-4-331-52352-0　C0075